Wir sind einfach unzertrennlich

Edelgard Abenstein

Wir sind einfach unzertrennlich

Berühmte Frauen
und ihre beste Freundin

KNESEBECK

Inhalt

»Warum lebt man, wenn nicht für die Liebe und die Freundschaft? – alles andere sind Gewohnheiten und Eitelkeit.« Rahel Varnhagen

Als die große Schriftstellerin das Hohelied auf das wertvollste Gut der Menschheit anstimmt, war es noch gar nicht so selbstverständlich, dass Frauen Freundinnen besaßen. Zumindest nicht solche, wie wir sie kennen und schätzen, Freundinnen, mit denen sich durch dick und dünn gehen lässt, an deren Seite wir die Höhen und Tiefen des Lebens leichter ertragen. Was bis dahin Männern vorbehalten war, ein Bund aus Gleichgesinnten – »Oh, es wäre eine Freude, jenes Mannes Freund zu sein«, dichtet Hölderlin im Sehnsuchtston über einen erfolgreichen Kollegen –, wird im Zeitalter der Empfindsamkeit mit Macht von der anderen Hälfte der Menschheit erobert. Frauen entdecken höchst offiziell das Reich der Gefühle als den Ort, von dem aus das Nachdenken über das eigene Ich seinen Anfang nimmt. Wo sich die Eigenart noch erprobt, kann sie mit Gleichgesinnten am besten üben. Erst unter Freunden erfährt sich der einzelne fühlende und denkende Mensch als ganzes geselliges Wesen.

Was in jenem Jahrhundert des Freundschaftskults für Männer gilt, praktizieren nun auch Frauen. »Ich wollte dir nur anraten, liebes Kind«, schreibt Rahel Varnhagen, »recht du selbst zu sein.« Geliebte, Freundin, Kind, Frau, alles in einer Person, das wäre vor 1800 undenkbar gewesen. Und was für ein Versprechen: Einander vertraut sein und dabei das eigene Ich zu vervollkommnen. Das ergibt eine Liaison, in der man sich sicher fühlt und frei zugleich. Eine Freundin zu sein, das ist erstrebenswert und das Mindeste damals, wenn es im öffentlichen Raum schon kaum Platz für Bürgerinnen gab und es noch nicht abzusehen war, dass es einmal Ministerinnen oder Professorinnen geben würde. Dieser Freundin wird alles erzählt, was von da an zum Standard unter vertrauten Freundinnen gehört: ob brieflich aus Paris oder im heimatlichen Salon, sie schütten ihre Geheimnisse aus, dass sie einen anderen Mann liebte, dass dies nun vorbei ist, wie weh es tut und dass all dies niemanden angeht – die Familie nicht, die Eltern nicht und auch den Mann nicht. Außer natürlich die Freundin. Seither gibt es die klassische Verbindung zur Vertrauten, wie wir sie bis heute kennen.

Die Freundin kann vieles sein: Eingeweihte, Weggefährtin, Seelenverwandte, letzter Zufluchtsort, manchmal Kampfgenossin, manchmal auch Liebhaberin. Sie ist

Spiegel und Mitkämpferin, öffnet einem den Sinn für alles, was wir nicht sind. Wenn wir Glück haben, entschließen wir uns, von ihrer Verschiedenheit zu profitieren. Jede sieht dann in der anderen die unerfüllte Seite ihrer Existenz. Jede gibt und nimmt. Der Einfluss der Freundin ist so groß, dass selbst Männer vor ihr kapitulieren. Es gibt solche, denen Frauenfreundschaften suspekt sind, zumal wenn sie befürchten, selbst Dauerthema intimer Gespräche zu sein. Andere nehmen sie als exotischen Teil des Lebens ihrer Frauen. Oft genug hält eine Freundschaft ein Leben lang und überdauert alle Liebesbeziehungen.

Wer vermutet, nur Männer, die Jäger und Sammler, würden in ihren Freundschaften um die beste Beute rangeln, eine schöne Frau, den begehrten Job, die Macht, den Ton anzugeben, der liegt falsch. Auch Frauen konkurrieren miteinander, weniger um den attraktivsten Mann, obwohl auch das vorkommt, schon eher um Ansehen und gesellschaftlichen Status. In einem solchen Wettstreit der Talente, wenn die eine der anderen den Rang abzulaufen droht, gerät die Freundschaft oft in empfindliche Schieflagen. Manche schlagen am Ende Funken daraus, manche aber geben klein bei, schicken sich demütig in ein ehrgeizloses Leben, opfern sich mit Haut und Haar der Freundin, während diese im Beruf und in der Liebe zäh um jeden Millimeter kämpft. Neid auf das Können der anderen, Eifersucht auf diejenigen, die ihr nahe stehen – auch beste Freundinnen sind gegen niedere Gefühle nicht immer gewappnet, bei aller Verlässlichkeit und zärtlichen Bereitschaft, jederzeit Hilfe zu leisten.

Gleichwohl, eine Freundin ist ein hohes Gut. Gegen nichts in unserem Leben wird sie sich aufwiegen lassen. Denn alles, was wir erjagen, Erfolg, Geld, Sicherheit, Renommee, zählt erst richtig, wenn wir es mit derjenigen teilen, die uns am besten kennt. Die Freude und Trauer mit uns empfindet, Trost spendet, uns beflügelt – und im Zweifelsfall an der richtigen Stelle lacht. Dann ist die Freundin einfach unersetzlich.

Paula Modersohn-Becker 1876–1907, Malerin
Clara Rilke-Westhoff 1878–1954, Bildhauerin

Paula Modersohn-Becker

»Ich bin ich und hoffe, es immer mehr zu werden ...«

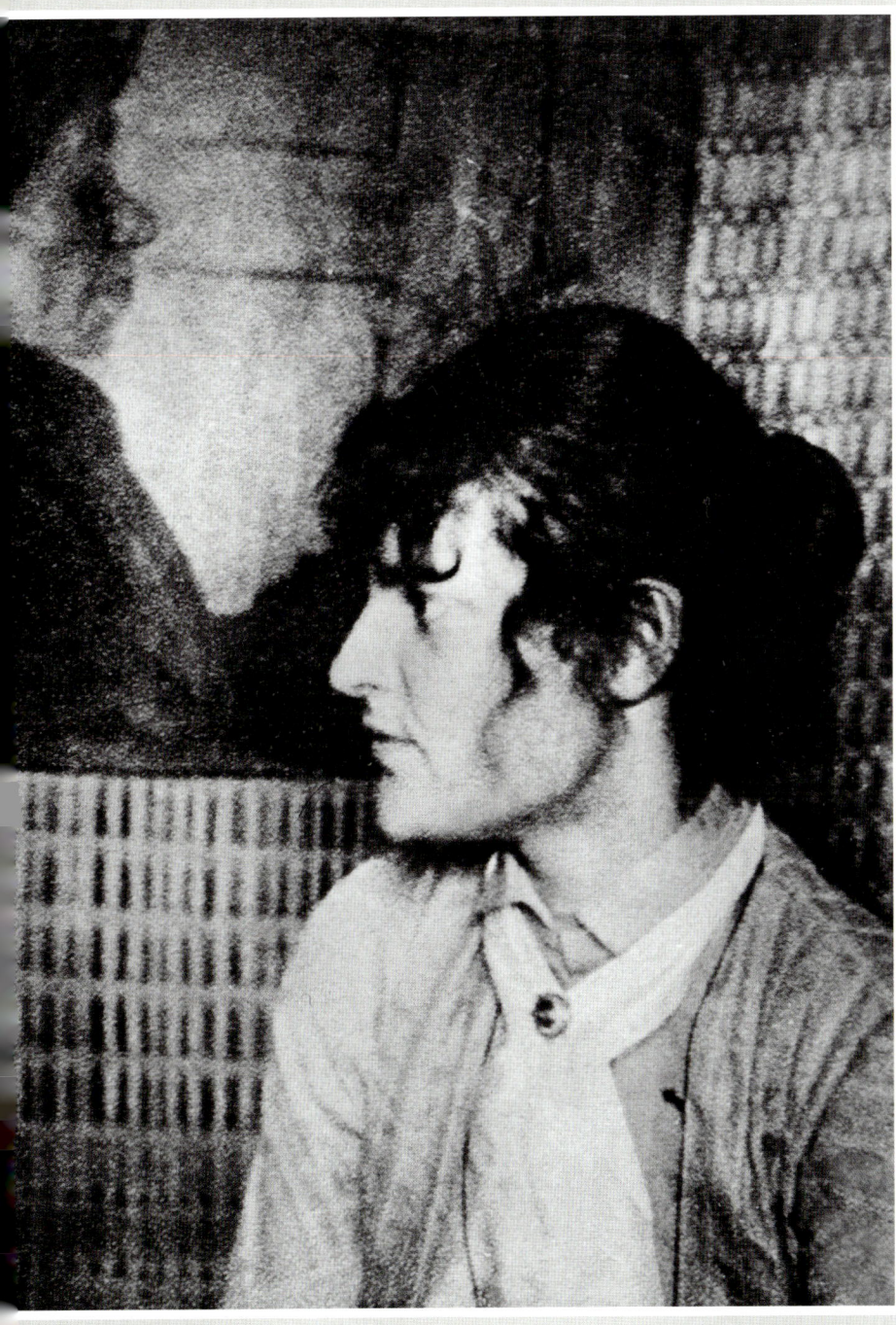

Clara Rilke-Westhoff

Silvester 1899: In dieser Nacht nimmt Paula Becker in Bremen den Zug nach Paris. Als sie 19 Stunden später in einem kleinen Hotel am Boulevard Raspail die fünf Treppen hochsteigt, hat sie noch keine Minute des neuen Jahrhunderts mit Schlafen versäumt. Sie steht in einem Zimmer, in das kaum ein Bett hineinpasst und gerade noch sie selbst. Aber was macht das schon? Nichts wird ihr diese Stadt verderben, auch wenn sie seit ihrer Ankunft ein »scheußliches Ameisengefühl« hat. Sie liegt schon in ihrem Bett, als Clara an ihre Tür klopft. Clara Westhoff, die Freundin, war bereits im Dezember nach Paris gekommen, um in Auguste Rodins Bildhauerklasse aufgenommen zu werden. Sie reden, und als es Morgen wird, reden sie immer noch. Was tun an ihrem ersten gemeinsamen Tag in Paris? Sie gehen schnurstracks in den Louvre – Tizian, Botticelli, Donatello –, durch den Jardin du Luxembourg über die Seine, an den Quais der Bouquinisten entlang.

Clara, diese Bildhauerin sei der entschieden falsche Einfluss, hatte der Vater vor ihrer Abreise gesagt. Wer mit siebzehn schon sein Elternhaus verlasse, um allein auf sich gestellt in einer unruhigen Stadt wie München Kunst zu studieren, der errege sein Misstrauen. Dass seine Tochter in Berlin Zeichenunterricht nehmen durfte, hatte sie sich mit dem Besuch eines Lehrerinnenseminars verdient. Hübsch zeichnen können war wie Klavierspielen. Ein schönes weibliches Talent, womit Paula einmal einen Mann finden würde, so hoffte es der Vater. Keinesfalls einen »Moorkleckser« aus der »Worpsweder Bande«, wie er die neuen Bewohner des Dorfs nahe Bremen nannte, wo auch Paula seit Kurzem wohnte. Was hatte sie dort anderes gelernt als »Hängebäuche« malen und Hände als Hungerhaken. Paula beruhigte den Vater, sie besuche ganz andere Kurse als Clara.

Sie kennen sich ein gutes Jahr, seit Paula dank einer kleinen Erbschaft sich ein Atelier und den Unterricht bei Fritz Mackensen leisten konnte, einem der Gründer der Künstlerkolonie. Auch Clara hatte bei ihm gelernt, bis sie in sich den Hang fürs Modellieren, für den Marmor entdeckte. Seither arbeitet sie mit Hammer und Meißel »wie ein Mann«. So stellte das ihr Lehrer Max Klinger anerkennend fest, der Studentinnen bis dahin als unfähig abgelehnt hatte. Nach dem Dresdner Intermezzo war

»... unsere ganze deutsche Kunst –
Mackensen und Konsorten.
Sie stecken alle noch viel zu sehr
im Konventionellen.«

Clara nach Worpswede zurückgekehrt, wegen der Moorlandschaft, der tiefen Himmel und wegen Paula. Für beide war diese Gegend anfänglich »ein Wunderland, ein Götterland«. Aber das kleine Künstlerdorf hielt sie nicht lange. Es zog sie hinaus, es zog sie nach Paris, wo sie jetzt mit dem Skizzenblock durch die Straßen laufen.

Clara hat sich bereits an der École Julian eingeschrieben, Paula, die sich nur eine billigere Schule leisten kann, geht an die Colarossi. Gemeinsam besuchen sie Anatomiekurse. An diesen privaten Akademien dürfen sie lernen, was Frauen in Deutschland verboten ist: öffentliches Aktzeichnen. Sechs Jahre später wird Paula Becker die erste Künstlerin sein, die sich selbst nackt malt – ein Tabubruch und ein Riesenschritt vorwärts in der Kunstgeschichte. Aber noch ist es nicht so weit. Jetzt ist sie 24, und bis zu ihrem dreißigsten Lebensjahr hat sie sich fest vorgenommen, etwas werden zu wollen; eine »gute Malerin« will Paula sein und Clara ebenso gut als Bildhauerin. Dafür sind sie bereit, die Brücken hinter sich abzubrechen. Für ein halbes Jahr zumindest. Clara hat ein Empfehlungsschreiben Klingers an Rodin in der Tasche. Sie sucht den Meister auf und erreicht immerhin die Zusage, dass er ihre fertigen Arbeiten begutachten und korrigieren werde. Immer wieder geht sie in sein Atelier, erhält monatlich Ratschläge, pflegt den Kontakt mit ihm, den sie noch viele Jahre fortsetzt.

Im Mai besuchen sie zum ersten Mal das Jahrhundertereignis – die Weltausstellung. Von dem Maler, von dem Paula noch viel lernen wird, sind nur drei Bilder zu

Wie Paula die Freundin sieht, die »Schwesternseele«, nachdem sie ihre große Krise überstanden haben: »Des Morgens male ich jetzt Clara Rilke im weißen Kleid ... Sie sieht sehr schön so aus.« (26. November 1905)

sehen. Zuhauf findet sie sie, mit der Vorderseite zur Wand, bei einem Kunsthändler. Den Namen des Malers hat sie noch nie gehört. Paula kommt mehrmals, auch um sie Clara zu zeigen. Sie erwähnt sie nie mehr, erst sieben Jahre später, einen Monat vor ihrem Tod, wird sie Clara schreiben: »Ich denke und dachte dieser Tage stark an Cézanne und wie das einer von den drei oder vier Malerkräften ist, der auf mich gewirkt hat wie ein Gewitter und ein großes Ereignis. Wissen Sie noch 1900 bei Vollard?« Daneben mokiert sie sich über »unsere ganze deutsche Kunst – Mackensen und Konsorten. Sie stecken alle noch viel zu sehr im Konventionellen.« Das schreibt sie an Otto Modersohn, der mit seinem Freund Mackensen Worpswede gegründet hat und den sie offenbar von ihrem Urteil ausnimmt. Denn sie bedrängt ihn, nach Paris zu kommen. »Das wird ein Fest«, schreibt sie. Modersohn kommt und mit ihm noch drei »Kolonisten« aus Worpswede. Von Paula und Clara geführt, ziehen sie durch Galerien, Kunstsammlungen, Gärten und natürlich auf die Weltausstellung, bis die Nachricht des Todes von Modersohns Ehefrau dem Treiben ein jähes Ende bereitet. Überstürzt fährt die Gruppe nach Deutschland zurück, auch Paula und Clara brechen ihre Zelte vorzeitig ab. Sie werden immer wieder zurückkehren, allein Paula wird bis zu ihrem Tod insgesamt mehr als zwei Jahre in Paris leben. Aber niemals mehr werden sie gemeinsam reisen, niemals mehr zusammen so frei sein.

Zurück in Worpswede knüpfen sie dort an, wo sie aufgehört haben, und doch sind sie andere geworden. Paula bezieht erneut ihr verwaistes Atelier, wieder suchen die beiden ihre Motive unter den Landbewohnern, vorwiegend Frauen und Kinder, die für Pfennige bereit sind, sich porträtieren zu lassen. »Ich bekomme jetzt wieder jemanden vom Armenhaus, da brauche ich natürlich nicht so viel zu bezahlen«, schreibt Clara pflichtschuldig an ihre Eltern. Ihre Modelle wählen sie also nicht freiwillig, sie sind eine Kostenfrage. Mehr denn je, zumal Paula weiß, was der Vater jetzt von ihr erwartet. Eine Entscheidung. Für den Beruf. Das Stipendium der Verwandten ist fast aufgebraucht, der Aufnahme eines Kredits wird er nicht zustimmen. Noch ein paar Wochen, dann bleibt mangels Alternativen nur die Gouvernantenexistenz. So stürzen sich die beiden neben der Arbeit kopfüber ins Vergnügen. Clara kommt dann angeradelt und holt Paula zum Ball. Oder sie fahren mit dem Boot die Hamme hinauf, »Fräulein Westhoff stakte mich«, schreibt Paula an ihre Mutter. »Wir pflückten Schwertlilien, schwammen, fühlten uns selig in dem nassen Element und steckten uns gelbe

Wasserrosen ins Haar.« Clara, die als einziges Mädchen unter Brüdern aufgewachsen ist, hat eine riesige Freude daran, ihre Kräfte zu spüren. Groß und stark, lässt sie sich aus schierem Übermut schon mal vor den Pflug spannen, um dem Bauern, bei dem sie wohnt, bei der Arbeit zu helfen. Clara ist immer noch die Verschlossene der beiden, sie spricht nicht viel, aber wenn, dann sagt sie Wichtiges.

»Worpswede bedeutete für uns ein schönes köstliches Geschenk. Das Ankommen dort, das Dortbleiben- und Dortarbeitendürfen war wie der Anbruch eines unaufhörlichen Sonntags.« Es ist auch ein Sonntag, der die beiden mit einem Schlag bekannt macht, weniger durch ihre Kunst als durch einen unwillentlichen Fauxpas von großer Tragweite. Aus purer Freude läuten sie eines Tages die Kirchenglocken in Worpswede, nicht ahnend, dass sie damit das Dorf in Angst und Schrecken versetzen. Sie haben versehentlich die Feuerglocke in Gang gesetzt. Weil sie die Geldstrafe, die auf solch groben Unfug steht, nicht bezahlen können, wird ihnen eine andere Buße aufgebrummt. Sie haben Dekorationen für die Kirche zu liefern: Ihre Puttenköpfe und Blumenfresken schmücken die Chorwände bis heute.

Überhaupt, es ist ein großer Sommer im Teufelsmoor. Dem Leben der beiden Freundinnen gibt er eine verhängnis-, aber auch verheißungsvolle Wendung. Zunächst aber erleben sie jene Tage wie einen Rausch. Heinrich Vogeler empfängt allabendlich auf seinem Anwesen, dem Barkenhoff, man musiziert, tanzt, trägt eigene Texte vor, Gäste von auswärts treffen ein. Für Rilke, einen Freund des Hausherrn, der soeben

Blick in Paulas rekonstruiertes Atelier in Worpswede, wo sie acht Jahre lang ihre Modelle empfing – natürlich auch Clara –, und malte und malte ...

»Ich fühle, wie manches in mir unausgesprochen bleibt, weil Sie nicht da sind … ich möchte Ihnen noch so viele Dinge sagen«

von Lou Andreas-Salomé verabschiedet wurde, soll die Begegnung mit der Barkenhoff-Familie unvergesslich bleiben. Vor allem die Begegnung mit der »unter einem schwarzen Pariserhut lächelnden« Paula Becker und Clara Westhoff im strahlendweißen Empirekleid. Er sieht sie als Einheit, die »blonde Malerin« und »die Dunkle«, mag sie nicht trennen und tut es fast absichtslos, trotzdem. Nah sind sie ihm auf verschiedene Weise, Clara in ihrer vitalen Gegenwärtigkeit, Paula als ernste Freundin. Das Rätsel, warum und wie sich Clara Westhoff und Rilke am Ende füreinander entschieden, dafür findet Otto Modersohn schließlich eine überzeugende physikalische Erklärung. Wahrscheinlich hat »Frl. W. Rilke einfach mit sich fortgerissen«, in, wie Paula es nennt, ihrer »braunen Riesenhaftigkeit«. Dennoch muss man sich an den Anblick des Paares erst gewöhnen, was Modersohn wiederum treffend auf den Punkt bringt: »Clara W. mit ihrem Rilkchen unterm Arm.«

Nach diesem Worpsweder Sommer heiraten Rainer Maria Rilke und Clara Westhoff, Paula Becker und Otto Modersohn. Weil ihre Männer denkbar verschieden sind, steht für die Freundinnen nicht gleichermaßen alles zum Besten. Der Witwer Modersohn ist schon ein etablierter Künstler, was für Paula Ruhe und Sicherheit bedeutet. So bewahrt die Ehe sie davor, in einem ungeliebten Beruf ihren eigenen Lebensunterhalt verdienen zu müssen. Rilke dagegen ist zum damaligen Zeitpunkt ein vollkommen unbekannter Dichter, ohne Aussicht auf Einkommen und kurzfristigen Erfolg. Für ihn besteht die Ehe aus zwei nebeneinander existierenden »Einsamkeiten«, was durch die Geburt ihrer Tochter Ruth erst mal außer Kraft gesetzt ist. Doch weiterhin bestimmt er die Regeln des Zusammenlebens. Clara bezahlt dafür einen hohen Preis. Eine spärliche Apanage, die er bisher von der Familie bekam, wird eingestellt. Nachdem seine Versuche gescheitert sind, für die Familie zu sorgen, muss sie nach noch nicht einmal einem Jahr den Haushalt im benachbarten Westerwede auflösen. Um ihre Ausbildung bei Rodin fortzusetzen, vor allem um mit Rilke in Paris zusammen zu sein, übergibt sie die Tochter ihren Eltern. Und sie versucht, allein damit fertig zu werden. Paula leidet unter der Distanz, die wegen dieser Ehe zur Freundin entsteht.

Obwohl sie nicht weit voneinander entfernt wohnen, sehen sie sich kaum noch. Clara geht der Freundin aus dem Weg, seit Paula sich bei Clara darüber beschwert hat, wie sehr sie mit ihrer Liebe karge, und dass nicht sie, dass Rilke aus ihren Worten spreche. »Fordert das denn die Liebe, dass man werde wie der andere?«, hatte Paula gefragt. »Ist nicht dadurch der Bund zweier starker Menschen so reich und so allbeglückend, dass beide herrschen und beide dienen. Ich weiß wenig von Ihnen beiden, doch wie mir scheint, haben Sie viel von Ihrem alten Selbst abgelegt, und als Mantel gebreitet, auf dass Ihr König darüber schreite. Ich möchte für Sie, für die Welt, für die Kunst und auch für mich, dass Sie den güldenen Mantel wieder trügen.«

Diesen Brief hatte ein anderer mitgelesen. Und er hatte ihn, anstelle von Clara, gleich selbst beantwortet. Rilke verbat sich jegliche Einmischung: »Sie müssen fortwährend Enttäuschung erfahren, wenn Sie erwarten, das alte Verhältnis zu finden, aber warum freuen Sie sich nicht auf das Neue, das beginnen wird, wenn Clara Westhoffs neue Einsamkeit einmal die Thore auftut, um Sie zu empfangen? Auch ich stehe still und voll tiefen Vertrauens vor den Thoren dieser Einsamkeit, weil ich für die höchste Verbindung zweier Menschen dies halte: dass einer dem anderen seine Einsamkeit bewache.« Noch viele Zeilen folgten, dann kein Gruß, sondern nur: Ihr Rainer Maria Rilke.

Von nun an antwortet Clara auf Paulas Briefe nicht mehr. Rilke ebensowenig. Vergebens wirbt Paula um sie. »Ich fühle, wie manches in mir unausgesprochen bleibt, weil Sie nicht da sind … ich möchte Ihnen noch so viele Dinge sagen.« Ihr werde »das Warten lang und traurig.« Fast ein ganzes Jahr herrscht Schweigen zwischen den Freundinnen. Resigniert schreibt Paula in ihr Tagebuch: »Clara Westhoff hat nun einen Mann. Ich scheine zu ihrem Leben nicht mehr zu gehören. Daran muss ich mich erst gewöhnen. Ich sehne mich eigentlich danach, dass sie noch zu meinem gehöre, denn es war schön mit ihr.«

Die Einsamkeit macht sie traurig und manchmal froh. »Ich glaube, sie vertieft. Man lebt nach innen gewendet«, bekennt sie später, »aber mein Herz sehnt sich nach einer Seele, und die heißt Clara Westhoff. Ich glaube, dass wir uns ganz nicht mehr finden. Wir gehen einen anderen Weg. Und vielleicht ist diese Einsamkeit gut für meine Kunst, vielleicht wachsen

Gerade zurück aus Paris und frisch verlobt: Paula Becker wird ihren arrivierten Malerkollegen Otto Modersohn heiraten.

Wieder vereint: Clara Westhoff nimmt nach der Trennung von Rilke 1906 ihre Tochter Ruth zu sich.

ihr in dieser ernsten Stille die Flügel.« Immerhin hat sich das Gouvernanten-Thema für Paula mit der Heirat zum Glück erledigt. Ihr Mann behindert sie nicht in ihrer Karriere, er fördert sie, wie er kann. So finanziert er ihr sämtliche Aufenthalte in Paris, auch wenn er von ihren Bildern ablesen kann, dass dieser Weg sie von Worpswede entfernt. Die Landschaften »dieser kleinen Deern« sind »besser gemalt« als seine eigenen. »Ihr Farbensinn – wie bei keinem hier.« Das räumt er neidlos ein. Nur ihre Kinderbilder findet er hässlich.

Trotz dieser Zuwendung fühlt Paula sich zunehmend isoliert in Worpswede, vor allem seit Clara sich von ihr entfernt hat. Der Plan für eine zweite Paris-Reise reift. Otto Modersohn fügt sich ins Unvermeidliche. So lautet das Gesetz ihrer Ehe, von Paula längst gültig formuliert. In kleinen Sachen gibt sie nach, in großen er. Im Februar 1902, kurz nach ihrem 27. Geburtstag, trifft sie in Paris ein. Ihr erster Weg führt sie zu Clara und Rilke, die seit Ende letzten Jahres dort leben. Paula möchte endlich das Schweigen brechen. Zwar sind die Konflikte nicht vergessen, aber man versucht eine Annäherung. Im Leben der Eheleute beherrscht die Arbeit alles. Jeder geht seinem Beruf nach, Rilke sucht täglich die Bibliothèque nationale auf, Clara hat ein Atelier gemietet, in dem sie von morgens bis zur Dämmerung modelliert. »Da Rodin zu Rilkes gesagt hat: ›Travailler, toujours travailler‹ nehmen sie das wörtlich, arbeiten, immer arbeiten … sie wollen sich scheinbar ihres Lebens überhaupt nicht mehr freuen«, schreibt sie an Modersohn. Paula spürt, wie vor allem Clara darunter leidet. Sie findet die Arbeitswut der Rilkes einfach überzogen, ohne zu bedenken, dass es für beide ums Überleben geht – finanziell und künstlerisch. Kein Wunder, dass Clara sich behaupten muss. »Wie sie bei alledem vermeiden will, ein kleiner Rodin zu werden, wird sich zeigen. Sie zeichnet schon ganz in seiner höchst originellen Art, leistet darin aber auch etwas Gutes.« Bei einem Atelierbesuch ärgert Paula die an Hochmut grenzende Selbstbezogenheit der Freundin, wobei sie sich zugleich an das erste Zusammentreffen bei Mackensen erinnert. »Zu sehen, wie sie sich zusammenfasst, sich zurückzieht aus ihren Maßen und mit all ihrer Liebe über ein Ding kommt, an dessen Kleinsein sie sich erst gewöhnen muss!« Und es rührt sie zu sehen, was Clara gerade bearbeitet. Clara, die ihre Tochter seit einem Jahr nicht gesehen hat. Es ist ein kleiner Mädchendaumen, den sie mit unendlicher Hingabe modelliert.

1905 kommt Clara nach Worpswede zurück, zögernd sucht sie Paulas Nähe. Rilke arbeitet inzwischen als Rodins Privatsekretär, Clara schickt dem Meister wie gewohnt Arbeiten, und weil er von einigen begeistert ist – »es gibt nicht viele Bildhauer, die das können!« –, ruft er sie erneut zu sich. Clara reist für sechs Wochen nach Paris. Endlich ist sie nicht mehr bloß Rilkes Schatten. Paula fährt zwei Monate später. Die beiden Freundinnen sind froh, erneut ihre Paris-Euphorien miteinander zu teilen, auch wenn diejenigen Claras nie mehr an die aus ihrem ersten Frühling heranreichen. Aber es steht außer Frage: sie nehmen die Gespräche wieder auf, über ihre Kunst, vielleicht irgendwann wieder über das Leben. Paula beginnt damit schon.

Im Februar 1906 geht sie ein letztes Mal nach Paris, diesmal entschlossen, sich ganz und gar zu befreien. Sie wird ihren Mann verlassen. »Falsche Nächstenliebe lenkt ab vom großen Ziel.« Das war für sie die schöpferische Arbeit: »Ich habe das Gefühl, ich bekäme ein neues Leben geschenkt«, schreibt sie an Rilke, und an Clara Westhoff: »Ich bin ich, und hoffe, es immer mehr zu werden … ich werde noch etwas. Wie groß oder wie klein, das kann ich selbst nicht sagen, aber es wird etwas in sich Geschlossenes. Dieses unentwegte Brausen dem Ziele zu, das ist das Schönste im Leben.« Sie malt wie im Schaffensrausch. Doch am Ende dieses Jahres kehrt sie nach Worpswede zurück. Nur der Freundin deutet sie an, dass letztlich die finanzielle Abhängigkeit von Otto sie zum Einlenken bewegte.

Doch was sie auch vor Clara als Geheimnis gehütet hatte, wird nun offenbar. Otto Modersohn, der seiner Frau bisher bloß geschwisterlich zugetan war, reiste ihr nach Paris hinterher, um sie zurückzugewinnen. Als sie in Worpswede eintrifft, ist Paula Modersohn-Becker schwanger.

Am 2. November 1907 bringt sie eine Tochter zur Welt. Nachdem sie das erste Mal aufgestanden war, setzt eine Embolie ein, an der sie 31-jährig stirbt. »Wie schade«, seien ihre letzten Worte gewesen. Clara Westhoff nimmt kurz danach ihre Tochter zu sich. Sie wird neunzig Jahre alt und den großen Teil ihres Lebens in Fischerhude verbringen, in einem Haus, dem Rilke den Hausspruch gab: »Da vieles fiel, fing Zuversicht mich an, die Zukunft gebe, dass ich darf, ich kann!«

»Dieses unentwegte Brausen dem Ziele zu, das ist das Schönste im Leben.«

Greta Garbo 1905–1990, Schauspielerin
Salka Viertel 1889–1978, Drehbuchautorin

*»Ich bin so froh,
dass Gott mir
so viel Intelligenz
geschenkt hat,
zu begreifen ›wie
begabt Sie sind‹.«*

Greta Garbo und Salka Viertel

S ie war die einzige Frau, die keine Abendrobe trug, sondern einen schlichten schwarzen Anzug.« Salka Viertel hatte die Garbo schon vor Monaten auf einem Abschiedsfest für Emil Jannings gesehen, aber nicht gewagt, den Star anzusprechen. Jetzt stellt ein Freund sie einander vor. Nach kurzem Zögern verlässt Hollywoods ungekrönte Königin die Couch, die sie sich mit Marlene Dietrich geteilt hat. Wohin? Ein lächelnder Blick. Dann flüchten die zwei – trotz der kühlen Nachtluft – vor dem Rest der Gesellschaft mit einer Flasche Champagner auf die Terrasse. »Es wurde ein äußerst fröhlicher und angeregter Abend«, erinnert sich Viertel ein halbes Jahrhundert später an diese erste Begegnung im April 1930.

Sie verstehen sich auf Anhieb, draußen unter dem kalifornischen Nachthimmel, die Österreicherin aus Galizien, die Heimweh nach Europa hat, und die berühmte Schwedin, die auch nach fünf Jahren und grandiosen Filmerfolgen in Hollywood keine Wurzeln schlug. Salka gibt offen zu, bisher außer *Gösta Berling* noch keinen Garbo-Film gesehen zu haben, worüber sich Greta freut, weil auch sie ihren schwedischen Erstling für ihren besten Film hält. Dann plaudern sie über das Leben in Berlin, Greta fragt, Salka erzählt. Von ihrer Vergangenheit als Schauspielerin, von dem mit ihrem Mann, dem Regisseur Berthold Viertel gegründeten Theater und wie sie damit gnadenlos baden gingen, von den hohen Ansprüchen an die Kunst und dem ewig knappen Geld. Deshalb kam sie samt Familie 1928 nach Hollywood. Nur für ein paar Jahre, dann hätte Berthold mit dem Schreiben von Drehbüchern so viel verdient, dass nicht nur die Schulden abbezahlt sind. Salka erzählt gern, mit Temperament, und sie versteht es, auch Niederlagen mit einer komischen Pointe zu versehen. Garbo ist keine große Rednerin, doch für beide war es, »als kennten wir einander schon ewig.«

Erstaunt beobachten Hausherr Ernst Lubitsch und seine Gäste, die Filmprominenz von Beverly Hills, dass die 24-jährige, sonst so menschenscheue Garbo den ganzen Abend nicht mehr von Salka Viertels Seite weicht, »wie ein Kind, das einen verständnisvollen Erwachsenen gefunden hat.« Die fast zwanzig Jahre Ältere beeindruckt durch ein selbstsicheres Auftreten, und sie ist eine imponierende Erscheinung. Nach eigener Aussage »weder jung noch schön genug« für eine Karriere beim Film, überragt sie mit einer Körpergröße von eins siebzig alle Frauen – außer Greta Garbo. Auch ihr naturroter, leuchtender Haarschopf macht sie unverwechselbar.

In einem gutbürgerlichen jüdischen Elternhaus am Rand der österreichisch-ungarischen Monarchie aufgewachsen, ist sie gebildet und überaus belesen – »Musik und Bücher waren das ständige Thema unserer Gespräche« –, sie beherrscht sechs

»Es war, als kennten wir einander schon ewig.«

Sprachen fließend, was die aus einer Arbeiterfamilie stammende Garbo beeindruckt. Wie Greta wollte Salka unbedingt zum Theater. Obwohl Schauspielerinnen in ihrer Kindheit quasi als Prostituierte galten, setzte die junge Salka ihren Kopf durch. Zuvor ließ ihre Mutter sie von einem Regisseur in Lemberg testen, der nur feststellte: »Gnädige Frau, ich kann nichts dafür, aber das Mädchen hat Talent.« Nach der obligaten Lehrzeit in der Provinz gelangte sie nach Wien und Berlin, wo sie bei Max Reinhardt vorsprach, sie spielte große Rollen, nicht immer unter dem Beifall der Kritik. Ohne den ganz großen Durchbruch zu schaffen, war sie in Theaterkreisen dennoch sehr geschätzt. Nach der Heirat mit Berthold Viertel hielt selbst die Geburt ihrer drei Söhne sie nicht davon ab, von Engagement zu Engagement zu eilen – bis die Familie schließlich ihre Zelte in Santa Monica aufschlug.

Göttlich feminin – die Garbo auf dem Höhepunkt ihres Ruhmes, Mitte der 1930er Jahre.

So aufregend die neue Heimat auch war – sie mietete »das billigste Haus, das ich finden konnte« am Pazifik, lernte Auto fahren, genoss den Trubel neuer Bekanntschaften –, das Leben einer »Filmgattin« füllt die Vollblutschauspielerin auf Dauer nicht aus. Dass sie nach 22 Jahren auf der Bühne ohne Aussicht auf eine berufliche Tätigkeit dasteht, deprimiert sie. »Die vielen Partys entnervten mich allmählich. Außerdem gab es keinen Tag, an dem nicht zwei oder drei Damen vorbeischauten, stundenlang schwatzten und über ihre Dienstboten jammerten. Ich rebellierte: Ich wollte dieses sinnlose Gesellschaftsleben nicht länger mitmachen. Ich war es gewohnt, einen Beruf auszuüben, und um Hollywood zu ertragen, musste ich arbeiten.« Arbeiten, eigenes Geld verdienen und Erfolg haben, das sind Salka Viertels Ziele, als sie die berühmteste Schauspielerin der Welt kennenlernt. Fasziniert von deren Schönheit, Jugend und Durchsetzungskraft, antwortet sie auf Greta Garbos Suche nach Schutz mit ihren besten Fähigkeiten, mit Vitalität, Humor, mütterlicher Wärme und Zähigkeit.

Schon am folgenden Tag findet sich die Garbo unaufgefordert bei den Viertels ein, und von nun an verbringt sie dort jede freie Minute. Sie genießt die ungezwungene Atmosphäre in der Mabery Road, wo die Türen immer offen stehen und es bei Tisch hoch hergeht. Statt strenger Diät gibt es üppige Mahlzeiten, dazu wird wild über

Literatur und Theater gestritten. Mit Salkas Kindern übt sie auf dem Rasen Radschlagen, übermütig wie zu Schauspielschultagen, als sie am liebsten den Clown machte. Jetzt gibt sie die Ersatztochter, das »eigensinnige kleine Mädchen«, das sie nie sein durfte, beobachtet ein Freund der Familie. Kommt unerwarteter Besuch, macht sich die scheue Diva unauffällig davon. »Mein behaglicher Kokon« nennt sie ihren Zufluchtsort.

Jeden Morgen spazieren die beiden Frühaufsteherinnen über den noch menschenleeren Strand, schwimmen ausgiebig im Meer, sprechen über Filme und Rollen. Salka schlägt Greta Romane als Filmstoff vor, europäische Romane, in denen Frauen durch Höhen und Tiefen unbeirrt ihren Weg gehen. Und sie gibt, von der »wissbegierigen« Greta dazu ermuntert, Kostproben dramatischer Glanzrollen, der Medea, Maria Stuart, Penthesilea. Beste Unterhaltung auf hohem Niveau, wie Greta findet: »Ich bin so froh, dass Gott mir so viel Intelligenz geschenkt hat, zu begreifen ›wie begabt Sie sind‹.« Offenbar verfügen sie beide über einen ähnlichen Sinn für Humor, wie Salka in ihren Memoiren *Das unbelehrbare Herz* zufrieden vermerkt: »Von ihren

Unter Freunden: Salka Viertel (vorne links) und Greta Garbo (stehend) auf einer Gartenparty in Santa Monica.

Es imponiert Greta, dass Salka weder von ihrem Ruhm noch von ihrem Reichtum eingeschüchtert ist, sondern sagt, was sie denkt.

amerikanischen Filmen, in denen sie stets auf die Rolle der ›femme fatale‹ festgelegt war, hielt sie nicht viel. Sie karikierte sehr komisch die Gleichförmigkeit ihrer Verführungstechnik.«

Es imponiert Greta, dass Salka weder von ihrem Ruhm noch von ihrem Reichtum eingeschüchtert ist, sondern sagt, was sie denkt. »Sie schmeichelte niemandem, auch Greta nicht«, sagt Salkas späterer Liebhaber Gottfried Reinhardt. Er muss es wissen, zehn Jahre lebt er an ihrer Seite, nachdem der notorisch promiske Berthold Santa Monica verlassen hat. Beinahe noch mehr imponiert Greta, dass Salka treu und diskret ist – rare Tugenden in der Klatschszene Hollywoods. Wie weit die Vertrautheit zwischen den beiden ging, ob neben der offensichtlich erotischen Anziehung auch Sex im Spiel war wie zwischen Greta Garbo und Mercedes de Acosta, ist reine Spekulation.

In der Öffentlichkeit weist Salka Viertel solche Gerüchte entschieden zurück, und in ihr Tagebuch schreibt sie: »Zumindest werde ich nicht dadurch unsterblich werden, dass mich die Klatschkolumnisten ›Garbos pal‹ (= Geliebte) nennen.« Kein Wort sonst. Ein Leben lang bewahrt sie Stillschweigen. Außerdem beginnt sie nach der Trennung von ihrem Mann eine Affäre mit ihrem acht Jahre jüngeren Nachbarn Oliver Garrett, einem arrivierten Drehbuchschreiber.

Nach außen hin unzertrennlich, gehen die beiden Frauen bald auch beruflich gemeinsame Wege. Greta setzt sich bei ihrem Filmstudio, Metro Goldwyn Mayer, dafür ein, dass Salka eine Rolle in ihrem nächsten Filmprojekt bekommt, der deutschsprachigen Fassung von *Anna Christie*. Richtig glücklich ist Salka mit diesem Geschenk nicht, für sie zählt nur das Theater, »die einzige Heimat, die ich je gehabt habe«. Aber mit diesem Film findet sie endgültig eine neue Lebensaufgabe: Hinter den Kulissen wird sie zum Coach der bestbezahlten Schauspielerin. Nach neun Spielfilmen, die aus ihr »die Göttliche« gemacht haben, braucht Greta Garbo zwar keinen Lehrer oder Coach, aber sie braucht einen Vertrauten, der ihr die Nervosität vor der Kamera nimmt, eine fachlich versierte Person, die ihr Sicherheit gibt, indem sie sanft korrigierend eingreift. Salka Viertel übernimmt diese Aufgabe und füllt damit die Lücke, die der Tod ihres Entdeckers Mauritz Stiller bei Greta hinterlassen hatte. Sie ist begeistert von der Gelehrigkeit ihres Schützlings, von dessen »Feuer« – und sie arbeitet mit dem

»Wann immer es Streit gab wegen eines Skripts, hatte ich diese Frau, die für mich gekämpft hat.«

zutiefst über sein Vamp-Image unzufriedenen Star an einem neuen Typus Frau. Der heißt Königin Christine. Aus der historischen Figur, einer Monarchin des 17. Jahrhunderts, die nach zehn Jahren erfolgreicher Regentschaft in Schweden abdankte und als konvertierte Katholikin nach Rom auswanderte, entwirft Salka Viertel eine Heldin, die auf die Staatsraison pfeift um der Liebe willen.

Es ist Greta, die die Filmnovizin dazu ermutigt, über Nacht den Beruf zu wechseln. Statt der Schauspielerei nachzuhängen, entschließt sich Salka, Drehbücher zu schreiben. Erfolgreich nutzt Greta Garbo ihre Macht bei MGM, um die Freundin dort als Autorin und als universelle Beraterin zu installieren. Der ideale Job für Salka Viertel, das »Kommunikationsgenie«, der endlich ihre Geldsorgen beendet. »Wann immer es Streit gab wegen eines Skripts, hatte ich diese Frau, die für mich gekämpft hat. Sie war unermüdlich und arbeitete daran, bis es nicht mehr ging und fand immer irgendetwas Gutes, um das sich andere nie Gedanken gemacht hätten«, resümiert Greta Garbo später gegenüber dem Fotografen Cecil Beaton. Im Studio wagt es niemand, sich offen gegen die Garbo-Vertraute zu stellen. Allerdings muss auch Salka Viertel trotz ihrer nahezu unangefochtenen Autorität ein ums andere Mal Abstriche an ihrem Drehbuch hinnehmen. Im Gegensatz zu ihrem Mann, der in den Studiofabriken nie recht Fuß fassen konnte, passt sie sich erheblich besser an. Berthold Viertel brach enttäuscht seine Laufbahn als Drehbuchautor ab. Um dem großsprecherischen Gebaren von Filmproduzenten zu entgehen, zog er schon mal die Notbremse: »Wenn ich das Gerede nicht mehr ertragen kann, dann gehe ich auf die Toilette und lese Kant, um nicht wahnsinnig zu werden.« Salka jedoch versteht es, sich Gehör zu verschaffen und Kompromisse einzugehen, die ihre künstlerischen Ansprüche nicht unterwandern.

Unsicher ist sie sich aber, wie weit sie sich auf die wankelmütige Greta verlassen kann. »Greta hat keine Gesinnung und ist feige trotz allem – denn sie traut sich nicht, das zu sagen, was richtig wäre, und von allein hat sie keine Ahnung«, schreibt sie erbost an ihren Mann. Trotzdem wird *Königin Christine* zu einem der glanzvollsten Filme der goldenen Ära Hollywoods. In Europa und den USA überschütten die Kritiker den Film mit Lob, auch an den Kinokassen wird er zum Erfolg. Eine neue »Garbo-Ära« beginnt, in der nicht mehr das Sex-Symbol von einst, sondern eine Ikone aus Leiden-

schaft das Publikum begeistert. Sie ist die einzige unter den vormaligen Stummfilmdiven, die sich so lange ganz oben halten kann – auch dank Salka. Jetzt verkörpert die gereifte Diva große Frauenfiguren der europäischen Geschichte und Literatur, die ihrem Image Tiefe verleihen. So geht sie als eine Göttin überirdischer Schönheit in die Filmgeschichte ein. Die Stoffe sucht Salka aus, sie schreibt der Garbo die Rollen auf den Leib – Anna Karenina, Maria Walewska, Marie Curie – und sie zieht die Strippen im Hintergrund. Weil Greta sich ganz auf sie verlässt und ihrem Urteil vertraut, bestimmt Salka, wer zu ihr vorgelassen und was an sie herangetragen wird. »Niemand wusste, wo sie lebte oder hatte ihre Telefonnummer mit Ausnahme ihrer Vertrauten, Salka Viertel. Alle beruflichen Angelegenheiten mussten mit Salka – und ohne Garbo – besprochen werden«, berichtet ihre Nachbarin, die Drehbuchautorin Anita Loos.

Ganz ohne Zweifel, sie hat es geschafft. Salka Viertel, der es nicht gelungen war, in der deutschen Theaterlandschaft in die erste Liga aufzusteigen, spielt jetzt eine Hauptrolle in der Neuen Welt. Praktisch alle intellektuellen Emigranten, die nach Kalifornien kommen, sprechen bei ihr vor. Das verdankt sie natürlich ihrer Persönlichkeit, Herzenswärme und Gastfreundschaft, aber auch ihrer Nähe zum größten Star

Auch dieses Thema schlug Salka Viertel Greta Garbo vor: die Verfilmung des Lebens von Maria Walewska. Links Charles Boyer als Napoleon.

der Zeit. Manchmal, wenn Salka Abendgäste hat, kommt Greta wie gewohnt unangemeldet herein und sagt: »Have to speak you.« Zum Erstaunen der Gäste verschwindet sie in den oberen Räumen, um auf Salka zu warten. Manchmal mischt sie sich in die Gespräche ein, dann wieder sitzt sie stumm und staunend wie ein Kind. »Alle gingen zu den Viertels, um Garbo zu sehen. Manchmal taten sie das, aber meistens trafen sie einander«, bemerkt ein Freund der Familie schadenfroh. Kapriziös und »zu sehr in sich selbst verstrickt«, ist mit dem vielbeschäftigten Star nicht zu rechnen, wenn Salka ausnahmsweise einmal Hilfe braucht. Als sie sich einen Knöchel verstaucht und an Krücken gehen muss, ruft Greta zwar »zehnmal am Tag an und ist sehr lieb«, aber ob sie ihren Chauffeur samt Auto schicken solle, auf diese Idee kommt sie nicht. »Sie nimmt sich zu wichtig, alle diese Menschen nehmen sich zu wichtig«, schreibt Salka enttäuscht an ihren Mann, der trotz allem, was zwischen ihnen passierte, lebenslang zu ihren engsten Vertrauten zählt. Dass sie auf fatale Weise von Greta Garbo abhängig ist, weiß Salka. Bereits nach dem Ende der Dreharbeiten zu *Königin Christine* 1933 erwägt sie, für andere Filmstudios und Stars zu arbeiten. Immer wieder spricht sie davon, sich von Greta »freizumachen«. Außerdem ist sie Hollywood zuweilen überdrüssig. »Ich mochte alle diese Leute, deren Selbstüberschätzung darauf beruhte, dass sie zu viel verdienten, nicht mehr sehen.« Doch Salka fühlt sich Greta verpflichtet, und da sie die Familie erhalten muss – nach Bertholds Flucht kommt sie auch für ihn auf –, wagt sie das Risiko eine freischaffende Autorin zu sein, nicht.

Anders als Greta ist Salka immer zur Stelle, wenn sie gebraucht wird. Unermüdlich setzt sie sich für die vom NS-Regime Verfolgten ein, ihr Haus ist »ein sicherer Hafen« auch für mittellose »Nobodys«. Da erbost es sie zutiefst, dass Greta sich kein bisschen engagiert. Aber als die Garbo 1944 in die Kritik gerät, weil sie sich weigert, eine Radiobotschaft der amerikanischen Regierung an ihr Heimatland vorzulesen und sich nicht wie andere Stars am Verkauf von Kriegsanleihen beteiligt, verteidigt Salka die Freundin glühend in der Öffentlichkeit.

Zum heftigen Krach kommt es 1944, als Greta Garbo zwei Jahre nach ihrem letzten Film *Die Frau mit den zwei Gesichtern* halbherzig ein Comeback erwägt und dann kurz vor dem Ziel – Salka hat das Drehbuch geschrieben – einen Rückzieher macht. Dennoch »schweben« 1947 wieder einige »Pläne mit Greta« im Raum. Die Freundinnen überwinden ihre Differenzen, und die Garbo zieht sogar ein Jahr lang zu Salka in deren Garagenwohnung. Als auch dieses Projekt, die Verfilmung des Lebens von George Sand, scheiterte, was Salka auf Greta schiebt – »… hat sich wie immer dumm und unsolidarisch benommen« –, trennen sich Gretas und Salkas Wege endgültig, und für eine lange Weile tritt Funkstille ein. Die Garbo dreht nie wieder einen Film, reist ruhelos zwischen den USA und Europa hin und her, Salka versucht sich mühsam durchzuschlagen.

Ihr antifaschistisches Engagement bringt Salka Viertel in der McCarthy-Ära erheblichen Ärger ein. Aufgrund der Freundschaft mit Bertolt Brecht und Charlie Chaplin wird sie des Kommunismus verdächtigt und die Aufträge bleiben aus. Die Garbo, meist zwischen New York, Schweden und der Riviera unterwegs, ist ihr keine Hilfe. Zehn Jahre halten sie losen brieflichen Kontakt, den Greta immer wieder anstößt. Erst als Salka sich 1960 im schweizerischen Klosters niederlässt, kommt es zu einem Wiedersehen. Von da an hält sich Greta regelmäßig ein paar Wochen im Jahr bei Salka auf. Wie in den ersten Tagen ihrer Freundschaft wandern sie dann, stundenlang, ins Gespräch vertieft durch die Bergwelt. Nach außen hin ist alles wie früher: Salkas Loyalität Greta gegenüber ist unerschütterlich. In ihren Tagebüchern aber macht sie sich Luft: »Ich kann ihre Egozentrik nicht ertragen … niemand hat mich je so gelangweilt wie G.« Inzwischen kommen Filmwissenschaftler aus aller Welt nach Klosters, um die »lebende Legende« Salka Viertel zu befragen. Bereitwillig gibt sie Auskunft über ihre Freundschaft mit F. W. Murnau oder Sergei Eisenstein. Niemals über die Garbo. Auch wenn viel Geld damit zu verdienen wäre. Selbst ihre Memoiren schreibt sie in nobler Diskretion. Zwei Jahre vor Salkas Tod wechseln sie die Rollen. Beinahe taub, an schwerem Parkinson erkrankt, benötigt Salka Gretas Hilfe. Wenn die Freundin in Klosters ist, besucht sie Salka jeden Tag. Sie unterhält sich mit ihr, auch wenn Salka sie nicht mehr hören, nicht mehr sprechen kann. »Sie schienen sich zu verstehen«, berichtet ein Begleiter Greta Garbos. Nach Salkas Tod besucht Greta noch jahrelang das Grab, bis sie selbst nicht mehr reisen kann.

»Ich mochte alle diese Leute, deren Selbst-überschätzung darauf beruhte, dass sie zu viel verdienten, nicht mehr sehen.«

Hannah Arendt

Hannah Arendt 1906–1975, Philosophin
Mary McCarthy 1912–1989, Schriftstellerin

»Woran arbeitest du? Ich habe richtig Heimweh nach dir! Ich vermisse dich!«

Mary McCarthy

*M*an redet, raucht und streitet sich. Über Stalin, den Krieg und die reine Lehre des Kommunismus. Die Murray Hill Bar ist die *number one* unter den Journalistentreffpunkten in Manhattan. Es ist Frühjahr 1945. Hannah Arendt lebt seit vier Jahren in New York, nach einer abenteuerlichen Flucht aus Europa hat sie endlich Fuß gefasst, sie schreibt für jüdische Zeitungen, seit Kurzem auch für die *Partisan Review*, die unter den linken Ostküstenintellektuellen den Ton angibt. Alles, was zwischen den »beiden M's« liegt, »Marxismus in der Politik und Modernismus in der Kunst«, also alle wichtigen Themen der Zeit werden dort diskutiert. Man schätzt die Artikel der Emigrantin, ihre kluge Argumentation, und ist fasziniert von der Autorität ihrer Bildung, die für das gute Europa steht.

An diesem Abend sind sie alle da, die Redakteure der *Review*, Kolumnisten und Freunde, auch Mary McCarthy, die zu den Mitbegründern der Zeitung zählt und sehr pointierte Theaterkritiken schreibt. Eine Weile hatte sie mit den Trotzkisten sympathisiert; wegen ihres Hangs zur Polemik und ihren Attacken wird sie gefürchtet. So verkündet sie, dass ihr Hitler richtig leid tue, er wisse nicht, wie ihm geschehe, er erwarte auch noch, dass die Juden ihn lieben würden – dafür, was er ihnen angetan hätte. Hannah Arendt ist empört. Sie habe bis 120 gezählt, um Philip Rahv, der Marys Lebensgefährte ist, Zeit für eine Entgegnung zu geben, berichtet sie später. Als Rahv geschwiegen habe, sei sie explodiert. Laut sagt sie zu Mary: »Wie kannst du so etwas zu mir sagen, ein Opfer Hitlers, das in einem Konzentrationslager war.« Mary McCarthy versucht sich zu rechtfertigen, was die Sache nur noch schlimmer macht. »Ich stahl mich davon«, erinnert Arendt sich, nicht ohne sich bei Philip Rahv zu beschweren: »Wie kannst du als Jude nur solche Gespräche zulassen.«

Erst drei Jahre später wird der Streit beigelegt. Die beiden Frauen kommen von einer öffentlichen Diskussion, wo sie sich gemeinsam in der Minderheit befanden. Jetzt warten sie an einer U-Bahn-Station auf den nächsten Zug. »Machen wir doch Schluss mit dem Unsinn«, sagt Hannah Arendt. »Wir denken doch so ähnlich.« Mary entschuldigt sich für die Hitler-Bemerkung, und Hannah gesteht, dass sie nie im KZ gewesen sei, sondern in einem Internierungslager in Frankreich. Eine 20 Jahre währende Freundschaft beginnt, die erst mit dem Tod Hannah Arendts endet.

»*Sie ist eine sehr gute Freundin von mir und wirklich eine begabte Schriftstellerin. Sie ist enorm intelligent und sehr amerikanisch.*«

Zum Glück gibt es Briefe, das Telefon und ab und zu ein Flugzeug, um die Distanz zu überwinden: seit 1960 lebt Mary McCarthy in Paris, hier an ihrem Schreibtisch.

Mary McCarthy, deren Eltern starben, als sie sechs war, wuchs bei katholischen Verwandten auf und besuchte das berühmte Vassar College, ein nobles Internat bei Boston, das ihr später den Stoff für ihren größten Bestseller lieferte, *Die Clique*. Sehr dickköpfig beugte sie sich niemandem, außer wenn jemand sie durch seine Bildung überzeugte, wie es nur ganz wenigen Lehrerinnen gelang. Den katholischen Glauben legte sie bald ab, aber sie bekannte sich immer, auch kokettierend, zu dieser Herkunft. Die Kultur der Religion schätzt sie zeitlebens, die Bibel als Quelle von Geschichten, als Panorama menschlicher Verhaltensweisen. »Was wäre ich bloß ohne meine katholischen Wurzeln«, sagte sie und amüsierte sich. Hannah Arendt, als einziges Kind assimilierter jüdischer Eltern in der Kant-Stadt Königsberg aufgewachsen, wird die bedeutendste unter McCarthys »Lehrerinnen«.

Mary bewundert an der promovierten Philosophin, die bei Heidegger und Jaspers studiert hat, die Fähigkeit, eigenständig zu denken, ihre unerschöpfliche Kenntnis antiker Schriften und Kulturen, ihr Talent, jenseits aller Schulen und Moden neue Wege zu gehen. Ich war »ganz versunken in dein Buch«, schreibt sie in ihrem ersten Brief an Hannah, als sie deren Totalitarismus-Studie druckfrisch in Händen hält,

Mit 22 Jahren hat die Vorzeigestudentin Hannah Arendt über die Liebe bei Augustinus promoviert – und sich von Martin Heidegger zunächst befreit.

»habe es in der Badewanne, im Auto, in der Schlange im Lebensmittelgeschäft gelesen. Ich halte es für eine wahrhaft außergewöhnliche Arbeit, für einen Fortschritt des menschlichen Denkens.«

Hannah hingegen bewundert an der Freundin ihr unerschütterbares Selbstbewusstsein, den Witz, mit dem sie schreibt, ihre Schönheit. Und sie schätzt deren weitverzweigte Kontakte in der amerikanischen Intellektuellenszene. Mary ist seit acht Jahren in zweiter Ehe mit dem bekanntesten Literaturkritiker Amerikas, Edmund Wilson, verheiratet. Der hatte sie zu ihren damals schon berühmten Artikeln in der *Partisan Review* ermuntert, auch zum literarischen Schreiben. Sie wird ihn später, wie so viele ihrer Zeitgenossen, in dem Roman *Der Zauberkreis*, spitzzüngig karikieren – als grobschlächtigen Intellektuellen namens Miles Murphy, der ein »zweiter Goethe werden wollte und es bloß zum Halbschriftsteller brachte.« Philip Rahv wird sie sogar vor Gericht verklagen, weil er sich in einem ihrer Bücher verleumdet sieht.

Mary geht der Ruf einer Amazone mit erheblichem Appetit auf Männer voraus. Immer elegant gekleidet, bewegt sich die Tochter aus gutem Hause auf öffentlichen Veranstaltungen der Linken ebenso sicher wie in den Penthäusern am Central Park, wo sie ein gern gesehener Gast ist. »Wenn du Amerika noch besser kennenlernen willst«, schreibt Hannah 1957 an ihren alten Freund Kurt Blumenfeld in Israel, »lies gelegentlich … Mary McCarthy. Sie ist eine sehr gute Freundin von mir und wirklich eine begabte Schriftstellerin. Irischer Abstammung mit einer jüdischen Großmutter, mit der sie groß angibt. Sie ist enorm intelligent und sehr amerikanisch.«

Hannah Arendt, immer auf der Suche nach Aufträgen, verdient ihr Geld mühsam. Mit ihrem Mann, Heinrich Blücher, und ihrer Mutter lebt sie auf engstem Raum in Manhattan, in einem Hotel für Dauerwohnende. Erst 1948 reichen die finanziellen Mittel für eine eigene Wohnung. Die Adresse am Morningside Drive, von der aus man auf eine alte Pianofabrik schaut und einen kleinen Park, ist bekannt für ihre Gastlichkeit. Neben Wein und Keksen wird das ganze Abendland gereicht: Marx, Platon, Hegel, Heidegger, Kant, Kafka, Jaspers, Montesquieu, Nietzsche. Sie schreibt Essays

»Aber jedem ihrer Worte war anzumerken, dass sie an ihm litt, wie nur eine Liebende leidet.«

über Existenzphilosophie und ihre Vision von einem Palästina, in dem Juden und Araber nebeneinander leben.

1949 fährt sie im Auftrag einer jüdischen Organisation zum ersten Mal nach dem Krieg nach Europa. Sie trifft die große Passion ihrer Judend wieder. Wie keine andere Freundin ist Mary eingeweiht in Hannahs Liebe zu Martin Heidegger, die sich ab Mitte der 1920er Jahre entwickelte: die 17-jährige jüdische Studentin und der Philosoph, der zum Vordenker der Nazi-Bewegung wurde. Unsicher, ob sie ihn überhaupt treffen soll, ruft sie die Freundin gleich nach ihrer Ankunft in Freiburg an. »Aber jedem ihrer Worte war anzumerken, dass sie an ihm litt, wie nur eine Liebende leidet.« Es kommt zu einem Wiedersehen, bald stellt sich der vertraute Ton zwischen ihnen her. Hannah Arendt, so Mary McCarthy, habe daraufhin den Versuch unternommen, ihn zu ein paar Worten über sein Verhalten 1933 und später zu veranlassen. Doch Heidegger schwieg. Dann sprach er von den Verleumdungen, denen er seit Jahren ausgesetzt sei, den Entwürdigungen mitsamt dem Lehrverbot und den tausend quälenden Zumutungen einzig aufgrund eines politischen Irrtums. Die Bereitwilligkeit, mit der sie sich »abfertigen« ließ, meinte Mary McCarthy, beweise, dass der »einstige Zauber schon zu dieser Stunde wieder zu wirken« begann. Hannah sollte noch lange darunter leiden.

Seitdem fährt sie jedes Jahr für einige Monate nach Europa, auch nach Israel, besucht Freunde und Verwandte. Ihre materiellen Sorgen ist Hannah Arendt los, als ihr 1953 eine Professur am Brooklyn College angeboten wird, und vor allem zehn Jahre später, als sie eine Stelle an der University of Chicago antritt. Auch Mary McCarthy verlässt New York und geht 1960 dauerhaft nach Europa.

Sehnsucht nach der Nähe der anderen bestimmt sie beide gleichermaßen. Die ist keineswegs leicht herzustellen, was nicht nur an der räumlichen Entfernung liegt. »Ich schreibe dir dies aus rein egoistischen Gründen: weil mein Herz übervoll ist und ich reden möchte. Als wären wir in deiner Wohnung«, ruft Mary und wirft eine Kusshand über den großen Teich. »Gott weiß, warum ich erst heute schreibe«, antwortet Hannah, die viel lieber zum Telefonhörer greift, wenn sie den Wunsch nach Plauderei verspürt, oder auf einen von Marys häufigen Übernachtungsbesuchen in New York wartet: »Ich habe dir unzählige Briefe geschrieben: dass ich dir danke, dass ich große Sehnsucht nach dir habe, dass ich mit neuer Verbundenheit und Zärtlichkeit an dich denke. Das Problem ist, dass du, um zu schreiben, aufhören musst zu denken; und: Denken kann so bequem getan werden. Schreiben ist so mühselig. Vergib mir!«

Sie sind beide von ähnlichem Temperament, die Schriftstellerin und die Philosophin. Sie exponieren sich gern und scheuen keinen öffentlichen Disput. Beide verachten nichts mehr als Heuchelei und beide haben das Talent zur Pointe. Mary etwas mehr als Hannah. Weil ihre frechen Kommentare nicht immer auf Gegenliebe stoßen, hält man sie für arrogant. Andere halten ihre Offenheit für naiv, was Hannah umso mehr fasziniert. Offenheit für jede Art von Erfahrung, das beeindruckte sie schon bei Rahel Varnhagen, über die sie in Deutschland wissenschaftlich gearbeitet hatte: Sie vermochte es, »sich dem Leben so zu exponieren, dass es sie treffen konnte wie Wetter ohne Schirm.«

»Wenn der Atem des Skandals es nicht gestreift hat«, verkündet Mary McCarthy in einem Essay, »dann ist das Buch kein Roman.« In *Die Clique* schreibt sie eine Deflorationsszene hinein, *Eine katholische Kindheit* oder *A Charmed Life* lösen wegen ihrer Gesellschaftskritik in den USA kontroverse Diskussionen aus. Gegen den Vietnamkrieg zieht McCarthy (»Nichts wäre schlimmer als der Sieg«) bereits zu Felde, als die meisten Amerikaner noch an die gute Sache glauben. Ein Entschluss, der ihr nicht leicht gefallen ist, war sie doch seit 1960 mit James Raymond West verheiratet, einem hohen Staatsbeamten im diplomatischen Dienst.

Zweifellos den größten Skandal aber löst Hannah Arendt aus, als sie 1964 *Eichmann in Jerusalem. Ein Bericht von der Banalität des Bösen* veröffentlicht. Wie eine Bombe schlagen die Sätze ein, wonach mehr Juden den Terror überlebt hätten, wenn jüdische Institutionen, statt sich passiv auszuliefern, gegen die Nazis rebelliert hätten. Auch der lockere Stil Arendts ist es, der verstört: Süffisant wird Eichmann nicht als »Ungeheuer«, sondern als »Hanswurst« bezeichnet. Ausgerechnet eine aus Deutschland emigrierte Jüdin schlägt einen solchen Ton an? Keine 20 Jahre, nachdem sechs Millionen Juden umgebracht worden sind. Enge Freunde brechen mit ihr. Viele lassen sich von der Verurteilungswelle mitreißen, obwohl Hannah Arendt inzwischen nicht nur am Hudson River ein intellektueller Star ist. Eine der wenigen, die ihr in der Eichmann-Kontroverse beispringen, ist Mary McCarthy. Obwohl beide nicht einer Mei-

»Freundschaft ist ein Stück Weges gemeinsam gehen.«

Endlich wieder einmal eine ganze Woche zusammen: Mary zu Besuch bei Hannah, um 1968.

nung sind, kommt sie ihr rasch zu Hilfe, verteidigt sie in der *Partisan Review* ebenso wie in anderen Zeitschriften und in jedem Gespräch mit empörten Freunden.

»Der Neid ist ein Monster«, versichert Hannah, als Mary – *Die Clique* ist gerade erschienen und steht ganz oben auf der Bestsellerliste – von den Kritikern Prügel bezieht. Die Qualität des Romans steht für sie nicht zur Debatte. Doch sie meint, das Buch müsse gegen die Kritiker verteidigt werden, die voller »schmeichelhafter und komplizierter Theorien« seien und an der Sache und am Inhalt vorbeigingen. Es sei, als ob diese »ernsten Tiere vergessen haben, wie es ist zu lachen«.

Sie sind ein festes Gespann. Ihre Freundschaft sehen sie als eine Art Hafen, wohin sie sich zurückziehen und wo eine angriffslustige Brise weht, gegen den Zeitgeist und all die Gruppen und Grüppchen, die in Ideologien verstrickt sind: Kommunisten und Antikommunisten. Für beide haben sie nicht viel übrig. Genauso wenig wie für Fortschrittsgläubige und Zyniker. Freundschaft, sagt Mary McCarthy, »ist ein Stück Weges gemeinsam gehen.« Und Hannah Arendt ergänzt: »Im Unterschied zur Intimität«.

Hannah Arendt starb unerwartet am 4. Dezember 1975. Ihren Nachlass ordnete und verwaltete Mary McCarthy im Andenken an die Freundin.

Coco Chanel 1883–1971, Modeschöpferin
Misia Sert 1872–1950, Muse und Mäzenin

Misia Sert

Coco Chanel

»Herzensparasit.«

S ie wurde von Renoir, Vuillard, Toulouse-Lautrec und Bonnard gemalt, inspirierte die Gedichte von Mallarmé, die Musik von Debussy und Ravel, Proust verewigte sie in *Auf der Suche nach der verlorenen Zeit*. Misia Sert war eine Muse und so berühmt, dass ganz Paris sie nur beim Vornamen nannte. Als einflussreiche Mäzenin förderte sie junge Talente, Picasso, Reverdy, Cocteau, und sie war mit allen wichtigen Künstlern ihrer Zeit befreundet. In ihrem Salon in der Rue de Rivoli hielt sie Hof, wie sie über Kunst und Literatur urteilte, galt als Gesetz; unkonventionelle Auftritte gehörten zu ihrem Repertoire. Sie lernte Coco Chanel 1917 kennen. Coco war elf Jahre jünger, hatte gerade ein erstes Geschäft in der Rue Cambon eröffnet und spielte noch keine große Rolle in der Pariser Gesellschaft. Doch Misia war sofort von ihr beeindruckt auf jener Abendgesellschaft bei Cécile Sorel, einer gefeierten Schauspielerin, die bereits Kundin bei Coco war. »Am Tisch erregte eine sehr dunkelhaarige junge Frau sofort meine Aufmerksamkeit. Obwohl sie kein Wort sagte, strahlte sie einen Charme aus, den ich unwiderstehlich fand. Sie erinnerte mich an Madame Dubarry. Daher richtete ich es so ein, dass ich nach dem Essen neben ihr saß. Während des banalen Geplauders, das bei einer ersten Begegnung in einem Salon üblich ist, erfuhr ich, dass sie Mademoiselle Chanel hieß und ein Putzmachergeschäft in der Rue Cambon hatte. Sie schien mir mit unendlicher Anmut gesegnet, und als ich beim Abschied ihren hinreißenden roten Samtmantel mit Pelzbesatz bewunderte, zog sie ihn sofort aus und legte ihn mir um die Schultern, wobei sie mit bezaubernder Spontaneität sagte, es sei ihr eine reine Freude, ihn mir zu schenken. Ich konnte das Geschenk natürlich nicht annehmen.«

Misia Sert weist das Geschenk »natürlich« zurück. Ihre Begeisterung für die großzügige Spenderin aber erfährt einen herben Dämpfer, als sie tags darauf deren Hutladen aufsucht und hört, wie zwei Frauen sich über die abwesende Besitzerin unterhalten. Sie nennen

> *»Eine sehr dunkelhaarige junge Frau erregte sofort meine Aufmerksamkeit. Obwohl sie kein Wort sagte, strahlte sie einen Charme aus, den ich unwiderstehlich fand.«*

sie »Coco«. Ihr neues Idol? Misia ist empört. »Wie kann man einer so ungewöhnlichen Frau einen derart vulgären Namen anhängen?«

Gleichwohl, die Frau mit dem unfeinen Namen beschäftigt damals bereits 300 Näherinnen, besitzt Modeboutiquen in Deauville und Biarritz und kann das Geld, das sie sich von ihrem Liebhaber für die Geschäftsgründung geborgt hatte, zurückzahlen. Coco Chanel, unehelich geboren, wuchs nach dem Tod der Mutter in einem von Nonnen geführten Waisenhaus auf. Der Vater, der sich nicht um sie kümmern wollte, hatte die Elfjährige dort abgegeben. Sie war Mätresse eines wohlhabenden Pferdezüchters, bei dem sie dem reichen englischen Lebemann Boy Capel begegnete, der großen Liebe ihres Lebens. Er förderte sie und finanzierte ihre erste Boutique.

Misia Sert ist Mitte vierzig, zweimal verheiratet, zuletzt mit dem 30 Jahre älteren, schwerreichen Alfred Edwards, der sie gegen ihren Willen aus der ersten Ehe herauskaufte. Auch Misias Aufstieg in die Pariser Gesellschaft war nicht vorgezeichnet. Die Tochter eines polnischen Bildhauers, deren Mutter nach der Geburt starb, wuchs mit wechselnden Geliebten des Vaters in Russland auf, wurde dann wie Coco von Nonnen im Kloster erzogen, aus dem sie nach England floh.

Coco Chanel bedarf nach Boy Capels Tod, der bei einem Autounfall ums Leben kommt, für ihre Karriere keiner Unterstützung mehr, außer der ihres Geschäftssinns. Anders Misia, deren mäzenatische Taten sich dem Vermögen ihrer Ehemänner verdanken. Auch was die Liebe angeht, wird für Coco Chanel keiner je die Stelle des Verstorbenen einnehmen. Zahlreiche Liebhaber lösen einander ab. Später sagt sie, das einzig Interessante an der Liebe sei das Liebemachen.

Misia hat 1920 ihren langjährigen Lebensgefährten José María Sert geheiratet, einen Salonkünstler, der Kathedralen dekorierte, spanische Justizpaläste und den Ballsaal des New Yorker Waldorf-Astoria-Hotels mit Wandmalereien schmückte. Die beiden reisen in die Flitterwochen nach Italien, und weil es sie rührt, »dass eine junge Frau sich vor Kummer die Augen ausweint«, nehmen sie Coco kurzentschlossen als Dritte im Bunde mit. Schon in Paris verschaffte Misia der Freundin Zugang zu ihren

*Misia, »die nicht wusste, was Geld war«,
hatte eine Vorliebe für dramatische Zwischenfälle,
die sie gern jederzeit selbst anstiftete.*

Kreisen, sie öffnete ihr die Türen in die noblen Palais an der Seine, in die Zirkel der Avantgarde. In Venedig treffen sie auf Sergej Dhiagilew, auch er ein Freund Misias, den die Gönnerin schon 1913 bei der tumultuösen Uraufführung von *Sacre du printemps* unterstützt hatte. Der weltberühmte Ballett-Impresario versucht Geld für eine Wiederaufnahme aufzutreiben. Es ist Coco Chanel, die ihm aus dem Engpass hilft, mit einem Scheck hinter Misias Rücken. Damit hat sie nicht nur Dhiagilew für sich erobert, aus dem kleinen schneidernden Schützling wurde im Handstreich eine unentbehrliche Mäzenin. Coco Chanel war in der Welt der Avantgarde-Kunst angekommen.

Misia, »die nicht wusste, was Geld war«, weil es ihr die Männer zu Füßen legten, hatte eine Vorliebe für dramatische Zwischenfälle, die sie gern jederzeit selbst anstiftete. Ihre Angst vor Langeweile war so groß, dass sie meinte, dieses Gefühl überfalle sie selbst dann, wenn sie sich am meisten amüsierte. Wenn sie Gäste hatte, wurde sie oft unruhig, erschien plötzlich für ein anderes Fest gekleidet und sagte: »Geht bitte noch nicht. Ich komme gleich wieder.« Anders als Chanel, die unbeirrt ihre Karriere verfolgt, gibt es in ihrem Leben kein Interesse, das sie restlos in Anspruch nimmt. Misia spielt sehr talentiert Klavier – Fauré hatte ihr Unterricht erteilt und das schöne junge Mädchen zum Wunderkind erhoben –, gelegentlich tritt sie öffentlich auf, aber einen Beruf macht sie daraus nicht. Die Vormittage verbringt sie im Bett, empfängt Freunde und ist ganz hektische Aktivität, während Coco frühmorgens über ihren Entwürfen sitzt, egal wie kurz die Nacht war. Erst viel später wird Coco Chanel mit ihrem legendären Bekenntnis zum gesunden Schlaf – »Mich persönlich amüsiert nach Mitternacht überhaupt nichts mehr!« – dem geselligen Leben zu später Stunde eine Absage erteilen, jenem Vergnügen, das für sie vor allem aus »schlechter Luft, schlechtem Essen, schlechten Getränken« und »dummen Menschen« besteht.

Die Serts werden zu Cocos Ersatzfamilie. Als sie sich von ihren neuen Millionen ein prachtvolles Haus in der Rue du Faubourg Saint-Honoré kauft, lässt sie sich von den Serts beraten, um es zum schönsten von Paris zu machen. Serts Kunst der Inneneinrichtung ist allenthalben gefragt, und Misia gilt in Geschmacksfragen als tonangebend, sie wählt die Accessoires aus bis zu den asiatischen Coromandel-Paravents. Coco Chanel ist eine gute Schülerin.

Im Alleingang wird Coco Chanel allerdings das Image der modernen Frau erfinden: fließende Jerseystoffe und bequeme Schnitte statt steifer Materialien, Röcke, die fast das Knie zeigen, sie macht Hosen für Frauen salonfähig, das »kleine Schwarze«. Statt teurer Juwelen verkauft sie Modeschmuck und macht die Perlenkette alltagstauglich. Die jungen Damen, die Auto fahren und Charleston tanzen, lieben ihren Stil. Coco Chanel bringt die Ästhetik der Neuen Sachlichkeit in die Mode. Das ist das Geheimnis ihres kometenhaften Erfolgs, des Aufstiegs einer Tingel-Tangel-Tänzerin zur vielkopierten Fashion-Ikone, die ein weltumspannendes Imperium souverän dirigieren wird.

Misias früher so zurückhaltende Freundin hat sich schnell in eine enorm geschäftstüchtige, redegewandte Person verwandelt, ein unermüdlich tätiger »Börsenticker, der verkündet, jedermanns Aktien seien gefallen, nur die eigenen nicht«. Misia, die sich nicht immer im Stil der schlichten Eleganz kleidet, geht darüber hinweg mit einem Schuss guten Humors. Als Damen in ihrem Salon über Bubiköpfe, den letzten Schrei, diskutieren, sagt sie, das sei nichts für sie: »Wisst ihr, ich muss aussehen wie ein Stubenmädchen, das passt besser zu mir.« Trotz ihrer überlangen Zigarettenspitzen und der unterhalb ihrer Taille verschnürten Perlensträge ist sie alles andere als eine Garçonne der 1920er Jahre. Die üppige Schönheit verwandelt sich nicht in einen flachbrüstigen Flapper.

Was Misia fasziniert, ist Cocos Sammlung von Liebhabern – Großfürst Dimitrij, ein Zarenneffe, der Herzog von Westminster und reichste Mann Englands, der

Die Maler und ihre Muse: Pierre Bonnard (links stehend) Misia (auf der Bank, in der Mitte), daneben Auguste Renoir.

Art-déco-Künstler Paul Iribe. Misia hört den Geschichten Cocos begeistert zu, sie ist gern eine unersättliche Vertraute, und niemand genießt Skandale mehr als die beiden. Noch mehr aber als ihr kompliziertes Liebesleben fasziniert Misia Cocos phänomenaler Erfolg. 1935 herrscht die Freundin über ein Reich mit 4000 Angestellten, sie verkauft 28 000 Modellkleider im Jahr. Hingerissen verfolgt Misia das Schauspiel, wie die Domina des guten Geschmacks den reichen Frauen eine teure Schlichtheit, ein in ihren Augen geradezu ärmliches Aussehen diktiert und dabei Millionen verdient. Cocos Genie, ihre enorme Tüchtigkeit und ihr Sarkasmus erregen Misias Bewunderung. Ebenbürtig sich in deren Ruhm sonnend, behauptet sie aber auch ihr Verdienst an jenem Siegeszug, vor allem an jenem Produkt, das Coco Chanel weltberühmt, reich und ihr Gesicht ebenso berühmt macht wie ihr Logo: das Parfum »N⁰ 5«.

Erfunden hat es der Parfümeur Ernest Beaux 1920 im südfranzösischen Grasse, Coco Chanel gefiel es, und weil sie am 5. Mai 1921 ihre Modekollektion präsentierte, entschloss sie sich zu dieser Zahl. Bis dahin rochen Duftwasser nach Veilchen und Moschus, »Chanel N⁰ 5« basiert auf synthetischen Elementen, es duftet wie »ein Bukett abstrakter Blumen«, wie Coco es nannte. Misia stellt die Geschichte der Entstehung anders dar. Wenn sie auch nicht die Muse für Coco Chanels erstes Parfum abgab, so hätte es den Duft ohne sie doch nie gegeben. Denn sie fand das Rezept über viele Umwege, laut ihrer Version, in alten Handschriften über Katharina von Medici. Das war eine klassische Misia-Geschichte, vage, aber dramatisch und mit sich selbst in der Hauptrolle. Für sie sieht es so aus: Coco Chanel sollte bei der Verwandlung der Frau eine Schlüsselrolle spielen, aber ohne Misia hätte sie ihre Fähigkeiten nie erkannt. Sie bewundert an Coco die Begabung, »in der winzigsten Idee, die man ihr eingab, den Kern von etwas Gigantischem zu erkennen. Wenn man ihr ein Sandkorn anbot, das etwas Interessantes an sich hatte, konnte sie es in Gold verwandeln.« Sie fügte diese gut erfundene Geschichte mit vielen anderen Chanel-Episoden in ihre Erinnerungen ein, die sie Ende der 1940er Jahre ihrem Freund Boulos diktierte. Coco bestand darauf, dass sie es wieder herausnahm. Sie würde ihre Geschichte selbst erzählen, erklärte sie. Misia war sehr verletzt. Sie strich nicht nur das fragliche Kapitel, sondern erwähnte den Namen Chanel kein einziges Mal in ihrem Buch, nicht einmal in den Episoden,

»*Wenn ich mich langweile, fühle ich mich sehr alt, und da Sie mich ungemein langweilen, werde ich in fünf Minuten tausend Jahre alt sein.*«

in denen Coco eine Rolle gespielt hatte. Sie wurde einfach zu »eine Freundin«.

Was Fantasie angeht und den Umgang mit der Wahrheit, so steht Coco freilich Misia in nichts nach. In der Version der »N° 5«-Geschichte, die sie einer Journalistin erzählt, macht sie aus sich praktisch die Parfum-Erfinderin. Doch je mehr Coco Chanel ihr wahres Leben unter einem Kranz aus Mythen verbirgt, die sie selbst in die Welt setzt, desto kostbarer wird ihr die einzige Zeugin allen Geschehens, im Guten wie im Schlechten, die Freundin Misia. Wie ihre Neigung zu Klatsch und Skandalen teilen sie ihre Geheimnisse, am Ende doch auf die Loyalität der anderen vertrauend.

Misia streicht ihre Lebensjahre so munter zusammen wie Coco Chanel. Beide änderten das Geburtsdatum in ihrem Pass und machten sich mit einem Federstrich um zehn Jahre jünger.

Coco Chanel, eine Mode-Ikone auf dem Zenit, im »kleinen Schwarzen«, mit langen Perlenketten, reichlich Modeschmuck und Zigarette, fotografiert von Horst P. Horst, 1937.

»Mein Alter variiert mit dem Tag und den Menschen um mich herum«, erklärte Coco Chanel 1959, als sie sechsundsiebzig war, einem jungen Journalisten. »Wenn ich mich langweile, fühle ich mich sehr alt, und da Sie mich ungemein langweilen, werde ich in fünf Minuten tausend Jahre alt sein.«

Misia, die gern kokett von sich sagt, sie habe immer nur Ehemänner gehabt, nie Liebhaber, macht Pierre Reverdy mit Coco bekannt. Der junge Dichter hatte um die begehrte Salonfürstin ohne Erfolg gebuhlt. Als Coco, die immer nur Liebhaber hatte und nie Ehemänner, ihn mühelos ihrer Liste hinzufügt, schäumt Misia. Wenn es Krach gibt, dann der Männer wegen, zumindest nach Misias Ansicht. Obwohl sie Coco Chanel überallhin die Türen öffnete, wacht sie doch eifersüchtig über ihren Besitz an Freunden. Sie teilt zwar gerne, aber offenbar nicht immer. Vor allem, wenn etwas hinter ihrem Rücken vor sich geht. Als Coco ihren zeitweiligen Liebhaber Strawinsky versetzt, weil sie es amüsanter findet, mit Großfürst Dimitrij in ihrem neuen Rolls-Royce nach Monte Carlo zu fahren, telegrafiert Misia an Strawinsky: »Coco ist eine kleine Weißnäherin, die sich mehr aus Großfürsten macht als aus Künstlern.« Misia bestreitet, je dieses Telegramm geschickt zu haben. Jedenfalls stürzt die Strawinsky-

»Sie ist wie der Rettungshund, der dich mit dem Kopf unter Wasser ans Ufer zurückschleppt.«

Affäre die beiden in einen ihrer heftigsten Konflikte, dann herrscht monatelanges Schweigen. Dennoch unterstützt Coco Chanel den mittellosen Komponisten weiterhin, und Misia spielt dabei die Mittlerin. Später werden die Freundinnen wieder so häufig miteinander gesehen, dass viele Leute sagen, sie hätten ein Verhältnis.

Bei aller Zuneigung füreinander, ihre Freundschaft ist stets von latenter Bösartigkeit durchsetzt. Als Graf de Beaumont Misias neue Freundin nicht zu einem seiner legendären Kostümbälle einlädt, weil er eine Damenschneiderin seines Salons nicht für würdig hält, ist Misia zwar empört. Doch sie, ganz Teil ihrer Kreise, bemerkt in ihren Memoiren, »ich weiß sehr wohl, dass Leute der feinen Gesellschaft niemals auch nur daran gedacht hätten, Lieferanten einzuladen. So gesehen verhielt sich Graf de Beaumont völlig normal«. Aber Coco rächt sich: an Misia durch giftige Pfeile (»Sie ist wie der Rettungshund, der dich mit dem Kopf unter Wasser ans Ufer zurückschleppt«), an Beaumont, indem sie ihn später als Kunsthandwerker beschäftigt. Ende der 1920er Jahre liefert sie damit, dass sie Aristokraten in ihrem Imperium einstellt, den Beweis für ihre uneingeschränkte Macht. Das Kräftemessen mit Misia ist zu einem vorläufigen Ende gekommen.

Josep María Sert, ihr dritter Mann, hat sich nach 22 Jahren einer jungen Russin wegen von Misia getrennt. Er hält zwar freundschaftlichen Konktakt zu ihr, unterstützt sie finanziell, und sie bewohnt weiterhin die gemeinsame, prachtvoll ausgestattete Wohnung an der Rue de Rivoli. Aber Misia hat ihre Aufgabe verloren, ihre Daseinsberechtigung. Sie ist jetzt knapp sechzig, kein gutes Alter für Musen und Mäzeninnen, die finanziell nicht aus dem Vollen schöpfen. Wer braucht sie noch? Coco. Die »Modediktatorin«, wie ungeachtet ihrer früheren Befreiung der Frauen von Korsett und Schlauchrock die *New York Times* titelte, hatte sich in Monte Carlo von Samuel Goldwyn für Hollywood gewinnen lassen. Coco lädt die Freundin zur gemeinsamen Reise ein. Jetzt sind die Rollen vertauscht, Coco ist die Nummer eins, Misia fungiert als Gesellschafterin der großen Chanel. Trotz der großen Wirtschaftskrise in den USA hatte der Studioboss der Modekönigin eine Million Dollar geboten, wenn sie Kleider für seine Stars entwerfen würde. Für seinen Frankreichimport hatte er einen triumphalen Empfang vorbereitet. Der Zug, in dem sie von New York nach Los Angeles

»Ich habe viele Berühmt-
heiten gekannt, abtretende
und auftretende ... ihre
Gesellschaft war mir ein-
fach angenehmer als jede
andere.« Jean Cocteau
gehörte von Anfang an zum
Kreis um Coco und Misia.

fahren, ist ganz weiß und beladen mit großen Mengen von französischem Champagner, russischem Kaviar und amerikanischen Journalisten. Greta Garbo ist zur Stelle,
um Coco Chanel zu begrüßen, als der weiße Zug im Bahnhof einrollt: »Zwei Köni-
ginnen treffen sich«, heißen die Schlagzeilen, und zusammen mit Misia werden sie
eilends zur Party in Goldwyns Haus gebracht. Chanel findet alles ein bisschen unter
ihrer Würde. Misia amüsiert sich königlich.

Auch im Alter bleiben Coco und Misia untrennbar miteinander verbunden.
Die einstige Hassliebe wandelt sich in milde Fürsorge. Misia ist fast erblindet und
drogenabhängig, was sich nach dem Tod ihres geliebten Ex-Ehemannes noch ver-
schlimmerte. In der Nacht, als Misia starb, wachte Coco Chanel an ihrer Seite. Sie ließ
den Leichnam am folgenden Morgen in Serts Baldachinbett legen, schickte alle An-
wesenden aus dem Zimmer, um die Freundin ein letztes Mal zu einer Schönheit zu
machen. Als sie nach einer Stunde die Tür öffnete, lag Misia, ganz in weiß, im Trau-
erkleid einer Königin, makellos geschminkt und juwelengeschmückt auf einem Lager
aus weißen Blumen, mit einer blassrosa Seidenschleife über der Brust. Auf der Schleife
lag eine einzige blassrosa Rose. Es war Coco Chanels letzte Liebesgabe.

Coco Chanel arbeitete bis ins hohe Alter. In ihren Memoiren, die sie dem
Freund und Schriftsteller Paul Morand diktierte, sagte sie über die Freundin: »Wir
lieben die Menschen einzig und allein wegen ihrer Fehler. Misia gab mir reichlich
Grund, sie zu lieben.«

Katherine Mansfield

Katherine Mansfield 1888–1923, Schriftstellerin
Ida Baker 1888–1978, Gefährtin

»So müsste man leben –
unbekümmert, verwegen,
sich verschwendend.«

Ida Baker

ber Katielein, wer ist Wordsworth? Muss ich ihn mögen?« Das ist natürlich die reine Provokation. So ungebildet kann ja kein Mensch sein. Schließlich haben sie beide ein Elitegymnasium besucht. Ida, der Liebling aller Lehrer, die musterhaft jede Prüfung bestand, Ida, die Klassenbeste, leidet plötzlich unter Amnesie? »Katielein« ist auf höchster Zinne, »Katielein« tobt, dabei weiß sie doch um den Grund für die zur Schau gestellte Naivität. Nichts als unterdrückte Aggression. Womöglich hatte sie zu wenig Dankbarkeit gezeigt, war sie wie so oft nicht einfühlsam genug. Zu dumm, dass sie immer wieder auf diesen Trick hereinfällt, dass sie wie ein Schnappverschluss punktgenau aus der Haut fährt. Und dann hält Ida – wie typisch! – nicht einmal scharfe Töne aus. Sie muss die Scherben wieder einsammeln: »Du hast gar keinen Grund, ärgerlich zu schauen.« Sie spricht lauter als beabsichtigt. »Denn ich liebe dich, mein Engel, von der gerunzelten Augenbraue bis zu den Zehen.« Wenn jetzt der Satz kommt »Wann soll ich dir die Haare wieder bürsten?«, bringt sie mich endgültig auf die Palme. »Wann soll ich dir die Haare wieder bürsten?« – »Ich beiße die Zähne aufeinander und sage ›Nie mehr!‹, aber ich spüre wirklich: Wenn sie könnte, würde sie mich FRESSEN … Unmöglich, dir meinen merkwürdigen Hass und meine Aversion gegen sie zu beschreiben – sie ist plump, trivial, unsensibel für alles, was für mich lebendig ist, ignorant und falsch.«

So könnte sich diese Szene ereignet haben, die Katherine Mansfield in einem Brief an ihren Ehemann Murry beschreibt. Szenen zwischen ihr und der Freundin Ida Baker. Es ist die Geschichte einer lebenslangen Abhängigkeit, die alle Züge einer *amour*

»Die Vasallin« so nannte John Murry die Freundin seiner Frau, hier das Ehepaar kurz nach der Hochzeit.

»Lass uns Freundinnen sein.«

fou trägt, allerdings ohne den Thrill, ohne das Feuer einer solchen Liebe. Eine Geschichte, in der die Rollen von Anfang an verteilt waren, aus denen es kein Entrinnen gab.

Sie waren beide fünfzehn, als sie sich 1903 im Londoner Queen's College begegneten. Ida, aus gutem, wohlhabendem Hause und musikalisch begabt, spielte Geige und hatte den Wunsch, Musik zu studieren. Der frühe Tod ihrer Mutter und die Depression ihres Vaters zwangen sie, sich allein um die Familie zu kümmern. Die Sorge um ihre an Kinderlähmung erkrankte Schwester mag zu ihrem ausgeprägten Verantwortungssinn beigetragen haben. »Lass uns Freundinnen sein«, sagte Katherine Beauchamp damals, Katherine, die fabelhaft Cello spielt und hervorragende Gedichte schreibt.

Sie stammt aus einer der reichsten Familien Neuseelands, bringt die Mädchen zum Weinen, weil sie Dickens so anrührend vorliest, und sie ist ziemlich rebellisch. Ida ist fasziniert, sie bewundert ihr darstellerisches Talent und ihr Selbstvertrauen. Dann tauft Katherine auch noch alle um. Zuerst sich selbst – sie nennt sich jetzt Mansfield nach ihrer Großmutter –, dann Ida. Katherine entscheidet, dass Ida den Namen ihres Lieblingsbruders Leslie tragen soll, damit wird sie L.M. Nur zwei Buchstaben? Große immerhin. Ida fügt sich. Für zwei Jahre trennen sich ihre Wege, als Katherine von ihren Eltern nach Neuseeland zurückbeordert wird – es ist die längste Trennung, die ihre Freundschaft erlebt neben einem Aufenthalt Idas bei ihrem Vater in Rhodesien –, bis Katherine, die inzwischen erste Erzählungen veröffentlicht hat, dauerhaft nach England übersiedelt.

Während aus Idas Plan, Künstlerin zu werden, noch nichts Rechtes geworden ist, hat Katherine nur eines im Sinn: schreiben, schreiben, schreiben. Nach Maßgabe ihres College-Idols Oscar Wilde wird sie aus dem Leben Kunst machen – und umgekehrt. In ihren eigenen Worten heißt das: »Oh, ich will die Dinge auf die Spitze treiben.« Zunächst eröffnet ihr eine kleine Rente, die ihr der Vater bewilligte, ein einigermaßen sorgloses Dasein. Sie stürzt sich in Affären, wird vom Sohn ihres Cellolehrers schwanger, heiratet einen anderen – und verlässt ihn noch in der Hochzeitsnacht. Während eines Aufenthalts im bayerischen Bad Wörishofen erleidet sie eine Fehlgeburt und infiziert sich später bei einem neuen Liebhaber mit Gonorrhö. Als Folge davon ist ihre Gesundheit schwer angeschlagen, sie leidet in den nächsten Jahren unter vielerlei Krankheiten, besonders Gelenkrheuma setzt ihr heftig zu.

L.M., die Freundin aus dem College, ist in dieser Katastrophenzeit der ruhende Pol, immer bereit zu trösten, einzuspringen, zu besänftigen und auszugleichen.

Katherine als junge Frau
im Jahre 1914.

Als die Familie Katherine jede materielle Unterstützung entzieht, hilft Ida ihr über die nächste Durststrecke hinweg. Auch als ihre eigenen Mittel versiegen, gibt sie sich nicht geschlagen. Zeitweise arbeitet sie in einem Kosmetiksalon, um Geld zu verdienen und Katherine zu unterstützen, die noch weit davon entfernt ist, von ihrer Literatur leben zu können. Mittlerweile hat die Schriftstellerin erste Erfolge errungen, sie veröffentlicht in Zeitschriften. 1911 kommt ihr erster Erzählband heraus: *In einer deutschen Pension*. Das kleine Buch macht ihren Namen bekannt, man lobt ihre bissigen Kommentare, bewundert ihren ganz eigenen Stil sogar als »genialisch«. Später hat sie selbst den Band als »unreif« abgetan und sich gegen eine Neuauflage gewehrt, obwohl sie das Geld gut hätte gebrauchen können. Sie verkehrt jetzt in den Kreisen von Intellektuellen und Künstlern. Ida, stets dabei, hält sich im Hintergrund. Sie fühlt sich unsicher in Gesellschaft, zumal die meisten sie in ihrer linkischen Art als lästig, dumm, ungebildet empfinden.

»Du bist der einzige Mensch, der an mich glaubt«, schreibt Katherine, obwohl sie die Freundin weder in ihre Gedanken über Literatur noch in ihre schriftstellerischen Probleme einweiht. Idas Beitrag ist anderer Natur: Sie näht elegante Kleider für den kommenden Literaturstar und feine Spitzentaschentücher. Und sie kümmert sich um deren Haarschnitt. Die revolutionäre Kurzhaarfrisur, mit der Katherine Mansfield in Bloomsbury Aufsehen erregt, ist ihre Kreation.

Eine empfindliche Zäsur erleidet die Freundschaft, als Katherine 1911 John Middleton Murry kennenlernt, einen Journalist und Herausgeber literarischer Zeitschriften, ganz besonders, als sie ihn 1918 heiratet. Ida fühlt sich ausgeschlossen, reagiert mit Eifersucht und Selbstmitleid. Tatsächlich stört sie oft, ohne es zu merken. Sie möchte für Katherine immer zur Stelle sein, natürlich am liebsten, wenn sie alleine sind. Aber auch da pendelt sie zwischen Anbetung und Bitterkeit. »Der tiefe Groll, den L.M. gegen mich hegt, ist wirklich faszinierend. Sie unterdrückt ihn mit Gewalt, aber oh! – wenn er erst einmal da ist«, schreibt Katherine in ihr Tagebuch. »Heute Abend hassten wir uns ... Ich spürte, dass ich sie nicht mehr sehen wollte; sie spürte, dass sie mich verletzen musste, bevor sie ging … Wenn sie ihren Kopf zurückwirft und mit sonderbarer Stimme leichthin sagt: ›Oh, das ist mir alles egal!‹, dann mochte ich ihren bloßen Anblick los sein.«

Ida ist es ein Bedürfnis, gebraucht zu werden. Schrieb Katherine nicht: »Freundschaft ist für mich in jeder Beziehung so heilig und ewig wie die Ehe«? Ida trägt den Brief in ihrer Tasche mit sich herum. Aber Katherines Launen herauszuspüren, ihren schwankenden Gefühlen zu entsprechen, ist eine hohe Kunst. Ida würde sie gerne beherrschen, sie ahnt, dass der Grund für die Labilität der Freundin außerhalb von ihr, deren Anlässe jedoch bei ihr liegen. Wut gestattet sie sich, wenn überhaupt, selten. Aber das ist nicht die ganze Geschichte. Denn sie scheint nicht zu wissen, dass ihre Aufopferung mehr Schuldgefühle als Dankbarkeit weckt. Bei Katherine jedenfalls, die in aller Offenheit bekennt: »So wie ich bin, verdiene ich einfach keine Freundschaft. Ich nutze dich aus – erwarte Vollkommenheit von dir – mach dich fertig – und das Teuflische daran: Obwohl es wahr ist, möchte ich lachen, während ich es schreibe.« Sie weiß, ohne die Hilfe der Freundin wäre sie nicht imstande, viele Situationen in ihrem Leben zu meistern. Doch genau das macht sie auch zornig, das Gefühl, abhängig zu sein. Unter Idas Obhut, ihrem Bemuttern ringt sie nach Luft, sehnt sich nach Freiheit. Eine merkwürdige Freundschaft. Ida ist selbstlos, gibt ihr Letztes, zeitweise führt sie Katherine sogar den Haushalt, obwohl sie als Köchin etwa keine große Hilfe ist. »Ach«, schreibt Katherine an ihren Mann, »sie ist doch nur zufrieden, wenn sie mich verschlingen kann.«

John Murry hat nur Spott für die »Vasallin« übrig, von ihm wird sie wohl oder übel nur geduldet. Katherine vermittelt halbherzig oder gar nicht, auch wenn Ida nützliche Dienste verrichtet, Briefe von Liebhabern abfängt oder heimliche Rendezvous deckt. Verheiratet zu sein bedeutet für Katherine nämlich keinesfalls, treu zu sein, denn »wozu hat man einen Körper mitbekommen, wenn man ihn wie eine kostbare Geige in einen Kasten einschließen muss«?

Katherine Mansfield lässt sich nicht einschließen. Sie schreibt unter fünf verschiedenen Pseudonymen Buchkritiken und Erzählungen, wechselt in fünf Jahren fünfundzwanzigmal die Wohnung, tummelt sich im Londoner Intellektuellenviertel

»Ach, sie ist doch nur zufrieden, wenn sie mich verschlingen kann.«

»Wenn du mich von dieser Weihnacht an als deine Freundin betrachtest, dann bin und bleibe ich sie gerne.«

Bloomsbury und erregt das Missfallen von Virginia Woolf: »Sie ist wie eine Katze: fremdartig, träge, immer einsam, auf der Hut. Sie macht den sonderbaren Eindruck eines Menschen, der, völlig ichbezogen, für sich lebt, ganz auf ihre Kunst konzentriert, beinah fanatisch das mir gegenüber herausstreichend.« Warum reagiert die Diva so ungnädig auf die Kollegin, die doch nur Short Storys und keine Romane verfasst? Den Grund vertraut sie demselben Tagebuch an, nachdem sie von Mansfields Tod erfahren hat: »Ich war eifersüchtig darauf, wie sie schreiben konnte. Die einzige Prosa, auf die ich je eifersüchtig war.«

1915 diagnostizieren die Ärzte bei Katherine erste Anzeichen einer Tuberkulose. Zwei Jahre später zeigen sich gravierende Symptome ihrer Krankheit, ein starker Husten, der sie nicht mehr verlässt. »Ich wäre gern ein Krokodil. Nach Sir Thomas Browne ist es die einzige Kreatur, die nicht hustet.« Sie weiß, sie ist jetzt keine angenehme Gesellschaft. Aus Angst vor Ansteckung ziehen sich die meisten ihrer Freundinnen zurück, Murry wendet sich ab, wenn sie hustet, natürlich registriert sie das. Im Grunde ist es ihm lästig, eine schwierige, kränkelnde Frau zu haben. Es geht ihm in erster Linie um seine Karriere als Kritiker und Biograf. Die einzige Person, die in jenen Tagen da ist: Ida. Beständig und zuverlässig wie seit jeher. »Ich will dir dienen und deine Wege gehen, immer«, hatte L.M. der Freundin in Collegetagen versprochen.

Ihre fünf letzten Lebensjahre verbringt Katherine auf der Suche nach Heilung. Eine Odyssee führt sie durch halb Europa, von Ida treulich begleitet. Ida, die sie schon mal den »Sklaven« nennt, versucht Katherines hohen Ansprüchen gerecht zu werden, besichtigt Zimmer und Wohnungen in London, Ferienhäuser und Sanatorien in Südengland und Cornwall, sucht in Kurorten Südfrankreichs, Italiens und der Schweiz nach günstigen Hotels, immer in der Hoffnung, eines Tages den Ort zu finden, der Katherine heilen würde. Überwintern im Süden, Sehnsucht nach einem geborgenen Zuhause: »Hätte ich doch ein Heim und könnte ich die Vorhänge zuziehen«, klagt Katherine in ihrem Tagebuch.

Es werden ihre produktivsten Jahre. Sie hat Angst, sie hat Schmerzen, aber es gibt nur noch ein Ziel für sie: »Ich lebe, um zu schreiben.« Sie bettelt geradezu um Zeit, in ihren Briefen, in ihren Tagebüchern. Als sie erkennt, dass die Medizin ihr nicht mehr helfen kann, begibt sie sich 1922 in ein Kloster unter der Obhut eines Wunderheilers in Fontainebleau. Sie verabschiedet sich von ihren Freunden. Zwei Wochen vor ihrem Tod schreibt sie an Ida: »Wenn du mich von dieser Weihnacht an als deine Freundin betrachtest, dann bin und bleibe ich sie gerne. Sei dabei aber bitte nicht so fürchterlich ernst, ma chère!« Mit einer Erzählung über den Tod eines Kanarienvogels, von dem nichts übrigbleibt als die schöne Erinnerung und ein großer Nagel rechts neben der Haustür, verabschiedet sie sich von der Welt. Sie ist vierunddreißig Jahre alt.

»Sie ist fertig! Sie ist fertig!«, ruft Katherine der Freundin von der Terrasse zu. »Feiern wir mit Tee!« Mansfield schreibt schnell in den letzten Jahren vor ihrem Tod, eine Erzählung nach der anderen. Hier der Blick auf eines ihrer Refugien, der Mittelmeervilla Isola Bella.

Ida Baker schreibt fünfzig Jahre danach ihre Erinnerungen an die Zeit ihrer Freundschaft nieder. Es gibt so viele Gerüchte, die sie aus der Welt schaffen möchte. Der Entschluss ist ihr nicht leicht gefallen, seit den Collegegedichten hat sie außer Briefen nichts mehr geschrieben. Eine letzte Geste der Freundschaft also. Die Folgen von Idas Buch sind tragisch. Was ihr wie die tröstliche Gegenwart der Freundin erschien, solange sie mit ihr über den Tod hinweg heimliche Zwiesprache hielt, entschwand ihr mit dem Schreiben für immer. »Mein kostbarstes Geheimnis ist dahin«, klagte sie, »die Leute zerreden alles, bis ich selber das Gefühl habe, Katherine ist verschwunden.« Sie ist nur noch »die Schriftstellerin« Katherine Mansfield. »Und ich bin einfach nur traurig, dass ich meine geheime K.M. zum Allgemeingut gemacht habe.«

Pauline Wiesel

Rahel Varnhagen 1771–1833, Salonnière und Schriftstellerin
Pauline Wiesel 1778–1848, Lebedame

»Warum lebt man, wenn nicht für die Liebe und die Freundschaft? – Alles andere sind Gewohnheiten und Eitelkeit.«

Rahel Varnhagen

Keine Adresse in Berlin ist so begehrt wie die Jägerstraße 54. Eine unscheinbare Stube unterm Dach, in der nichts als dünner Tee gereicht wird. Doch nirgendwo sonst lässt sich so niveauvoll plaudern, nirgendwo sonst wird man so exzellent unterhalten. Gastgeberin ist eine junge Jüdin, Tochter des Juweliers Levin, die als unverheiratete Frau zum Mittelpunkt der hauptstädtischen Gesellschaft aufsteigt. Der einzige Luxus, den sie bietet, ist die Kunst der Geselligkeit. Nur ein paar Schritte vom schönsten Platz der preußischen Hauptstadt entfernt, empfängt sie jeden, wenn er nur Geist und Witz hat. Adelige und Bürger, Juden und Christen, Künstler und Politiker. Die Humboldts und die Schlegels kommen gern, Chamisso, Schleiermacher und Jean Paul gehen aus und ein, auch Damen mit zweifelhaftem Ruf sind willkommen, Schauspielerinnen in Männerkleidern, Frauen, die in wilden Ehen leben. Rahel Levin ist eine Menschensammlerin. Tabus gibt es keine, keine noch so entlegene Meinung, die nicht geäußert werden darf. Solange man sich elegant zu verteidigen weiß, ist alles erlaubt. Man redet über Philosophisches, über Romane, man redet über die Liebe. Man erprobt sie auch, gegen alle Schicklichkeit.

So trifft die Bankiersgattin und Tochter des großen Aufklärers Moses Mendelssohn, Dorothea Veit, in Rahels Salon ihre Lebensliebe. Als sie für den Dichter Friedrich Schlegel Mann und Kinder verlässt, hat Berlin einen handfesten Skandal und die Literatur mit *Lucinde* ihren ersten erotischen Schlüsselroman. Dabei hat Rahel selbst gerade eine Liebesaffäre beendet, sie ist von der Enttäuschung kaum genesen, nachdem das mehrjährige Verlöbnis mit dem Grafen Finckenstein zerbrochen war – er mochte seiner Familie doch keine Jüdin zumuten. Da kommt ihr eine neue Aufgabe gerade recht. Der Frauenheld Prinz Louis Ferdinand, den man seiner Schönheit wegen den »Apoll von Berlin« nennt, und die ebenso schöne Pauline Wiesel verstricken sich in einer »unmöglichen Affäre«. Beide gehören zu Rahels Lieblingsgästen. Der preußische Prinz und die bürgerliche Geliebte, das ist damals zwar fast schon eine Allerweltsgeschichte, doch das fortwährende Auf und Ab zwischen Zerwürfnissen und Versöhnung samt einer weiteren Liebhaberin des Prinzen bedarf der Vermittlung durch einen Dritten, dem die beiden rückhaltlos vertrauen. Dieser Dritte im Liebesbund ist Rahel Levin. Stets aufs Neue beschwichtigt sie und bewirkt, dass beide sich

Die Männer liegen Pauline zu Füßen, während Rahel auf dem Feld der Erotik keinen Erfolg verbucht.

immer wieder näher kommen. Sie wird zur Seelenärztin und zur engsten Freundin des wilden Paares, drei Jahre lang begleitet sie deren *amour fou* bis zum Tod Louis Ferdinands 1806 in der Schlacht bei Saalfeld.

Zweifellos hatte Rahel Levin für beide, für Pauline und für Louis Ferdinand, tiefgehende Gefühle. In welchem Ausmaß, darüber gibt sie nur zögernd Auskunft. Womöglich teilt sie mit ihrem »Zweit-Ich« Pauline die Liebe zu Louis Ferdinand. Das aber hält sie zeitlebens kunstvoll im Dunkeln.

Was hingegen alle Welt weiß, auch wenn es die meisten zu einem Kopfschütteln veranlasst, ist Rahels enge Bindung an die leichtlebige Hugenottentochter aus bestem Hause. Denn größere Gegensätze sind

So sah der Maler Wilhelm Adam Altheim den Tod des »preußischen Apoll« in der Schlacht bei Saalfeld.

kaum denkbar. Rahel Levin, die alleinstehende Jüdin, deren Intellekt von der gesamten Männerriege ihres Salons gepriesen wird, ist eine gebildete *femme de lettres*. Heine feiert sie später als »die intelligenteste Frau des Kosmos«, Goethe macht sie zur »schönen Seele« im *Wilhelm Meister*. Dagegen hat Pauline Wiesel seit ihrem 17. Lebensjahr eine Reihe von allerdings nicht nur glücklichen Liebesgeschichten erlebt. Ihr erster Liebhaber, ein katholischer Domherr, der ihr die Ehe versprach und sich dann aus dem Staub machte, fesselt sie bis ins hohe Alter, wie sie in einem Brief an Rahel bekennt. »Grüßen Sie … den alten Hatzfeld. Erinnert er sich eigentlich an mich?«, fragt sie bang und bezeichnet den Grafen als einen Mann, der ihr sehr wehgetan hat, aus Liebe, aus Schwäche und aus mangelnder Courage. Rahel, die treue Freundin, urteilt da viel strenger, nennt ihn einen »immer dumm-sarkastischen, vertrockneten Gesellschaftsknecht«. Das einzige, was sie an ihm gelten lässt, ist sein guter Geschmack in Sachen Kleidung. Auch ihr Ehemann, der wohlhabende Privatier Wiesel, ist für Pauline eine Enttäuschung. Nach vier Ehejahren, in denen er sie fortwährend betrog, verlässt sie ihn. Doch die Trennung klingt in den Briefen an Rahel noch lange schmerzlich nach.

Dennoch, die Männer liegen Pauline zu Füßen, im Eiltempo fliegen ihr die Herzen zu, während Rahel auf dem Feld der Erotik keinen Erfolg verbucht. Als sie

Rahel Levin und ihr legen-
därer Salon, ein Brennpunkt
des Berliner Geisteslebens
um 1800, oder: die jüdische
Intellektuelle im Kreise
ihrer männlichen Bewun-
derer.

1808 mit dem fünfzehn Jahre jüngeren Karl August Varnhagen eine Bindung eingeht, findet sie in dem Medizinstudenten mit literarischen Neigungen nur einen rückhaltlosen Bewunderer ihrer geistigen Talente, einen Priester seines Idols – nichts sonst.

Sie sind ein ungleiches Paar: Rahel und Pauline – das ist zweifellos die extravaganteste Freundschaft ihrer Zeit. Die eine lebt, die andere denkt, die eine gilt als Schönheit, die andere empfindet sich als reizlos und hässlich, der einen sagt man die Neigung zur Libertinage nach, die andere repräsentiert die ideale Muse. Nur in der Liebe haben beide kein Glück, wobei die eine munter von Affäre zu Affäre hüpft, während die andere der Mutlosigkeit verfällt. Die eine ist von robuster Gesundheit, die andere kränkelt ständig, die eine geht mit Geldfragen sorglos um, die andere macht sich immerzu Sorgen ums Geld und damit verbunden um ihre Zukunft. Doch Rahel und Pauline sind entschlossen, von ihrer Verschiedenheit zu profitieren. Jede sieht in der anderen die ungelebte, die unerfüllte Seite ihrer Existenz. Vor allem Rahel beschreibt immer wieder die Faszination, die von Pauline Wiesel ausgeht, ihre Spontaneität und Kraft, ihre lebhafte Unbekümmertheit. »Mädchen for ever« sagt der preußische Kriegsrat und spätere Ghostwriter Metternichs, Friedrich von Gentz, über seine langjährige Berliner Geliebte.

Nach dem Tod Louis Ferdinands hat Pauline Wiesel in Berlin keinen Boden mehr unter den Füßen. Ihr schlechter Ruf, ihre prekäre Stellung als Geliebte eines im Krieg gefallenen Preußenprinzen machen ihre Situation ausweglos, zumal ihre schnell wechselnden Affären mit französischen Besatzungsoffizieren den letzten Rest gesellschaftlichen Renommees zerstören. Ab jetzt ist sie die »berüchtigte Wiesel«. Die Freundin, die ihrerseits in finanziellen Schwierigkeiten steckt, vermag dagegen nichts auszurichten. Sogar alte Verehrer wie Gustav von Brinckmann lassen sie fallen. »Sie ist schon lange nicht mehr zu retten gewesen, wenn von reiner Weiblichkeit die Rede ist.« Im Sommer 1808 verlässt Pauline Wiesel endgültig Berlin. Auch Rahels Salon hat keine Zukunft mehr. Napoleon und der Krieg sowie der sich wandelnde Zeitgeist bereiten ihm ein Ende. Der kurze Freiheitstraum, der Berlin in ein kosmopolitisches Netzwerk verwandelt hatte, wird zurückgenommen. Eine Wende ins Konservative vollzieht sich. Ausgerechnet von Gästen des Rahel-Salons gegründet, breiten sich christlich-deutsche Tischgesellschaften aus. Dort will man von Juden und von Frauen nichts mehr wissen. Die patriotischen Männer bleiben unter sich.

Trotz der Bitternis und der Einsamkeit harrt Rahel in Berlin aus. Pauline geht auf Reisen. Sie besucht Bäder und pendelt jahrelang zwischen der Schweiz, Italien, England und Frankreich. Louis Ferdinands Nachfolger wird für sie der Diplomat Friedrich von Gentz, ein Mann, der überall seine Fäden spinnt und sich als *homme à femmes*, als draufgängerischer Verführer, sieht. Er schwärmt von der »Genialität ihres Körpers«, und selbst 1826 wünscht er sich »nur die Hälfte Ihrer Kraft«. Dann wollte er ihr gern »die größere Hälfte meiner Mittel (selbst die des Kopfes) überlassen.«

Während Rahel in Berlin »vom Nichtleben ganz vernichtet ist«, streift Pauline die alten Sorgen einfach ab. Als wäre nichts geschehen, besinnt sie sich auf ihr ureigenes Talent: Sie genießt das Leben, gutes Essen und viel Champagner, »frei spazieren und Theater«, geht in Pariser Salons aus und ein, lässt sich von Schauspielern feiern und verkehrt im noblen Kreis um Madame de Staël. Über die Pariserinnen, die »nie vom Frühling reden können, ohne dabei an einen neuen Hut zu denken«, macht sie sich lustig. Ganz Naturkind weiß sie sich mit Rahel einig, dass der Weg »ins Grüne« im Zweifelsfall die schönste Zuflucht ist. Geld hat Pauline Wiesel nie genug. Sie schlägt sich durch, und wenn nichts mehr hilft, so schreibt sie an Rahel, wird sie in

Während Rahel in Berlin »vom Nichtleben ganz vernichtet ist«, streift Pauline die alten Sorgen einfach ab.

»Es ist nur ein Unterschied zwischen uns, Sie leben alles, weil Sie Mut haben und Glück hatten; ich denke mir das Meiste.«

Rom Orangen stehlen, ein Gasthaus aufmachen oder betteln gehen. So weit kommt es aber nicht. Stattdessen kommt Karl August Varnhagen, den Rahel inzwischen geheiratet hat, nach Paris. Varnhagen hat beruflich in Paris zu tun. Ganz offensichtlich misstraut er Pauline, er hält sie nicht für gesellschaftsfähig. Minutiös berichtet er von ihrem Treiben nach Berlin. So informiert er Rahel, einerseits geschmeichelt, andererseits empört, über die erotischen Avancen ihrer Freundin. »Ihre letzten Anlockungen, weit entfernt, sie verlegen zu machen, sind ihr … ein ganz gleichgültiger Stoff, sie erzählt mir ganz unbefangen, dass Gentz auf mich eifersüchtele … sie ihm aber antworte, *sie* habe wohl gewollt, aber ich nicht.« Die Ehefrau Rahel reagiert vollkommen anders als erwartet. »Ach«, konstatiert sie trocken und nimmt ihm den Wind aus den Segeln. »Was du mir von Paulinen schriebst, wusste ich vorher. Sie würde Rallens Mann kosten wollen. Wie Eispunsch. Ich kenne sie in allem. Sie bleibt der Schwan … Das ist ein Bewundernlassen … Aber was sind diese kleinen Kinderbewegungen, die noch dazu niedlich ausfallen in dem, was sie der Welt weismacht, gegen ihr Großes, und gegen ihr Äußern überhaupt.« An anderer Stelle findet Rahel zu ihrer knappsten Paulinen-Deutung: »Sie liebt nur Paris, wie wir alle. Ist aber frei, wie wir nicht.«

Varnhagen, dem die Freundschaft seiner Frau mit Pauline Wiesel nie geheuer war und noch weniger sein mangelnder Einfluss auf sie, rächt sich viele Jahre später für seine Machtlosigkeit. In der Rolle des Nachlassverwalters bietet er Pauline nach Rahels Tod an, deren Briefe abzukaufen. »Schicken Sie mir, Liebste, die Blätter, die Sie noch haben … Wissen Sie was? Ich will Sie wie ein Kind behandeln, dem gibt man Bonbons, wenn man von ihm einen Gefallen haben will. Ich werde sie mit Bonbons locken. Für jeden Brief, den Sie mir … zukommen lassen, geb ich Ihnen einen Dukaten.«

Pauline, die wieder einmal in finanziellen Nöten ist, hält sich nicht mit Etikettefragen auf. Dass Männer in ihr das Kind sehen, ist sie gewöhnt. Sie willigt ein und bekommt verabredungsgemäß für ihre 55 Briefe 55 Dukaten. Allerdings macht sie sich keine Illusionen über die Rolle, die Varnhagen ihr posthum im Leben seiner Frau zubilligt. Mehr als eine Stichwortgeberin wird aus ihr für die Nachwelt wohl nicht werden. In der Tat, im Erstdruck des Briefwerks seiner Frau verfährt der Redakteur Varnhagen ganz in diesem Sinne, er zensiert nach Kräften und streicht Passagen, die er für kompromittierend hält. Einige Briefe vernichtet er ganz. Doch Pauline Wiesel hat eine Abschrift der Briefe erstellen lassen, die sie behält. Gegen eine Änderung in Briefen von Dritten, in denen von ihr die Rede ist, kann sie allerdings nichts ausrichten.

Rahel Varnhagen ist eine Meisterin des Briefeschreibens. Tausende von Seiten schickt sie durch ganz Europa. Hunderte von Adressaten schätzen sich glücklich, zum Kreis der Auserwählten zu zählen. Ihre Briefe sind ihr literarisches Werk. Am meisten korrespondiert Rahel mit ihrer einzigen Freundin. Seit Paulines Weggang aus Berlin leben die beiden nie mehr in derselben Stadt. Bis zu Rahels Tod kommt es zwischen ihnen nur noch zu vier, fünf kurzen Begegnungen, in Karlsruhe, wo Rahel eine Weile lebt, in Baden-Baden und Berlin. Die lange Zeit der Trennung wird also überbrückt mit langen Briefen, wobei Rahel sich oft in monatelanges Schweigen hüllt, während Pauline den Kontakt unverdrossen aufrechterhält. Dazwischen liegen Phasen innigsten Austauschs, sehnsüchtige Appelle eilen hin und her: »Kommen Sie, kommen Sie, kommen Sie! Das ist alles, was ich wünsche …«

Aber sie sparen auch nicht mit Kritik aneinander: »Ein jeder Wind biegt Sie, Sie opfern sich der Welt«, schreibt Pauline besorgt, als Rahel wieder einmal unter der Last fremder Erwartungen zusammenzubrechen droht. Pläne werden geschmiedet für eine gemeinsame Wohnung irgendwo, nur »für uns zwei«. Sie malen sich ein »antikes, richtiges … Götterleben« aus, wenn sie denn zusammen wären. Bloß dazu kommt es nie. Die Wirklichkeit hält dem Freundschaftstraum nicht stand. Rahel hat noch zwei Jahre zu leben, als sie ihre Pölle – wie sie Pauline nennt – 1831 flehentlich um einen Berlinbesuch bittet. »Ich sage es dem lieben Gott, ich bitte ihn auf Knien, dass er mich nicht enttäuscht … Wir werden uns amüsieren, die Gräber besuchen.« Rahel ist begeistert, »ach, was haben wir noch alles vor«, als Pauline im Sommer 1832 zum ersten Mal wieder nach Berlin kommt. Es ist ihr letztes Wiedersehen.

Zuvor kommt es, nach Varnhagens Abberufung aus dem diplomatischen Dienst, zu einem zweiten Salon in Berlin. Rahel kann wieder aus dem Vollen schöpfen:

Die Gäste drängeln sich, und viele kommen zum ersten Mal, Bettina von Arnim, Friedrich Hegel, Heinrich Heine, der Fürst von Pückler-Muskau. Doch die Zeiten sind trübe geworden, es herrscht das Klima der Restauration. So klagt sie vor Pauline: »Und Sie, und unser ganzer Kreis, fehlt mir.« Unübertroffen bleibt die in ihren Augen wahrhaft gelungene Geselligkeit ihres ersten Salons. Dass sie letzlich so wenig bewirkt, deprimiert sie zusehends. »Ich weiß noch, wozu ich fähig war, und diese Fähigkeit müssten wir doch scheinbar für die eigentliche Bestimmung halten. Aber es ist nicht so! Wie Blüten, und wie die meisten sogar, fallen wir vom großen Winde ab: obgleich wir hätten Frucht werden können.«

Auch die stets unternehmungslustige Pauline steckt jetzt zurück. Im Nachhinein scheint sie vor den Freiheitsträumen ihrer Jugend zu erschrecken: »Ach, wie wahr, wie sehr wahr sagten Sie mal, ohne es recht zu wissen: eine Hausfrau, eine Mutter hätte ich werden sollen, dazu war ich geboren, aber nicht zu einer Kokette, ich war weich, mein Herz liebend und die Welt, die Menschen drückten mich, ein jeder machte seine Frau aus mir wie er sie liebte und verlangte.«

Doch lange hält die Absage an die Vergangenheit nicht an. Mit 49 Jahren entschließt sich Pauline Wiesel zu einer zweiten Ehe. Es ist eine Vernunftheirat mit einem pensionierten französischen Hauptmann, der Geld hat, ein Haus auf dem Lande und sie heftig verehrt. »Er ist schön, groß und im Übrigen unbedeutend, keine Fehler, keinen großen Verstand, nichts, aber gutmütig, und ich führe ihn wie ein Kind«, schreibt sie an Rahel, »er konveniert mir in allem, ich habe einen Freund, einen Begleiter, einen Mann, der mir jeden Tag beweist, dass er ohne mich nicht glücklich wäre.« Von nun an verläuft das Leben der Madame Vincent ohne größere Aufregungen, sie genießt das Landleben, die Ruhe, vermisst die Vergangenheit, vor allem die Gespräche mit Rahel. »Gott, könnte ich Sie doch noch einmal sprechen!« Und wie schon so oft fragt sie: »Haben Sie keine Sehnsucht mehr nach mir?«

Pauline widersteht allen geistigen Moden, wenn sie sie für unbrauchbar hält, schon gar die romantische Liebesidee von der ewig unerfüllten Sehnsucht. Ihr geht es um das Leben selbst, nicht um Erwartung, sondern um Erfüllung. Pauline Wiesel liebt die Freiheit, sich anzuziehen »wie eine Taube mit blauen Astern auf dem Hut«, und

»Wie Blüten, und wie die meisten sogar, fallen wir vom großen Winde ab: obgleich wir hätten Frucht werden können.«

Im frühen 19. Jahrhundert waren die bürgerlichen Salons Mittelpunkt der Familien, aber auch des gesellschaftlichen Lebens. Hier eine Berliner Gesellschaft um 1830.

sie stürzt sich immer wieder in neue Amouren. Gleich welchen Alters oder Standes – Männer sind in ihren Augen sonderbare Wesen. Imponieren können sie ihr nicht. »Was soll ich soviel Umstände machen mit den Kerls.«

Was sich angeblich gehört, darum schert sich Pölle nicht. Auch so wird man zur Außenseiterin. Was Rahel durch ihre Geburt für die Gesellschaft ist, stellt Pauline freiwillig durch ihr Verhalten her. Das verbindet zwei kluge Frauen, die in ihren Briefen etwas betreiben, das den Weg in eine andere Zeit weist. Sie tauschen sich über Gott und die Welt aus, über das Leben, das Unglück und Bücher, die sie gerade lesen. Und sie denken schriftlich über sich selbst nach. Dieses Geschäft der Selbsterkundung, das Rahel Levin schon als 20-Jährige für sich entdeckt hat, entwickelt sie im Dialog mit Pauline Wiesel zur Meisterschaft.

»Es ist nur *ein* Unterschied zwischen uns, Sie *leben* alles, weil Sie Mut haben und Glück hatten; ich *denke* mir das Meiste; weil ich kein Glück hatte und keinen Mut bekam; nicht den, dem Glück das Glück abzutrotzen, es ihm aus den Händen zu ringen ... Und auf verschiedenem Wege sind wir zu einem Punkt gelangt. Wir sind *neben* der menschlichen Gesellschaft. Für uns ist kein Platz, kein Amt, kein eitler Titel da! ... Und somit sind wir ausgeschlossen aus der Gesellschaft. Sie, weil sie sie beleidigten ... Ich, weil ich nicht mit ihr sündigen und lügen kann.«

Lou Andreas-Salomé

Lou Andreas-Salomé 1861–1937, Philosophin und Psychoanalytikerin
Frieda von Bülow 1857–1909, Schriftstellerin

*»Wir wollen doch sehn, ob nicht
die allermeisten sogenannten
›unübersteiglichen Schranken‹,
die die Welt zieht, sich als harmlose
Kreidestriche herausstellen!«*

Frieda von Bülow

*B*eim Abschied ist die Gastgeberin schlecht gelaunt. Hat sie nicht alles unternommen, um ihrer kleinen Abendgesellschaft ein farbiges Flair zu geben? Mit zwei Berühmtheiten, über die man sich in Berlin wilde Geschichten erzählt. Die »Russin« und die »Afrikanerin«. Blond, groß, schlank, sehr blaue Augen, im hochgeschlossenen schwarzen Kleid, die eine. Die andere, von beinahe hartem, fast männlichem Gesichtsschnitt, kräftig, energisch und in sehr aufrechter Haltung. Statt das Gespräch über Ibsens Frauengestalten zu bereichern, steckten sie am Tischende sofort die Köpfe zusammen, als hätten sie nur aufeinander gewartet. Lou Andreas-Salomé, Generalstochter aus St. Petersburg, die in Zürich Philosophie studierte und allen Männern den Kopf verdreht, ist die eine. Nietzsche soll ihr zwei Heiratsanträge gemacht haben, die sie ablehnte. Stattdessen ist sie mit dem Orientalisten Friedrich Carl Andreas verheiratet. Eine Ehe, so fragt man sich, nur auf dem Papier? Während er seinen versponnenen Studien nachgeht, versammelt sie in ihrem winzigen Haus in Berlin-Schmargendorf einen philosophischen Zirkel um den Tisch herum, Männer allesamt, die sie »Exzellenz« nennen. Frauen hält sie meist auf Distanz. Ihr Roman, unter männlichem Pseudonym veröffentlicht, ist in Berlin in aller Munde.

Die andere, Frieda von Bülow, stammt aus einer alten mecklenburgischen Adelsfamilie. Ihre Kindheit hat sie in Smyrna verbracht, wo ihr Vater die deutsche Botschaft leitete. Eben kommt sie aus Afrika zurück, wo sie in eigener Regie das Land mit einem Netz von Krankenstationen versah. Aber eigentlich hatte sie die Nähe zu Carl Peters, einem notorischen Frauenhelden, gesucht. Ein Skandal im wilhelminischen Berlin. Die Tochter eines preußischen Legationsrats an der Seite eines zwielichtigen Abenteurers? Peters hatte halb Ostafrika für das Deutsche Reich mit solch brutaler Gewalt erobert, dass selbst der Reichstag erschauderte. Ihre Mission musste die unzüchtige Krankenpflegerin, auch einer heftigen Malariaerkrankung wegen, vorzeitig abbrechen.

Jetzt schreibt sie über den Schwarzen Kontinent sehr erfolgreiche Romane. Obwohl sie im Deutsch-Nationalen Frauenbund eine Rolle spielt, meidet sie auffällig weibliche Gesellschaft. Skeptisch ist sie besonders gegenüber Freundschaften unter Frauen, da dort »gewisse Grenzen fehlten«. Mit der »Russin« aber ist das anders. An ihr schätzt sie die Geradlinigkeit, die keine Halbherzigkeiten dulde,

Zwei Philosophen, Paul Rée und Friedrich Nietzsche, vor den Wagen der jungen Lou gespannt. Inszeniert hat das Foto aus dem Jahre 1882 der Denker des »Übermenschen«.

Während Lou über Liebesprobleme nachdenkt, bricht Frieda ein zweites Mal nach Afrika auf.

während Lou an Frieda die urwüchsige Kraft bewundert, einen »männlich starken Willen und Lebenstrieb«. Auch müssen beide gerade über große Enttäuschungen hinwegkommen. Lou über die Tatsache, dass sie, ohne es gewünscht zu haben, nun doch verheiratet ist, während sie eine unerfüllte Beziehung zu einem Politiker unterhält. Frieda leidet unter ihrer unseligen *amour fou*, die sie trotz bester Absichten nicht abzuschütteln vermag. So treffen zwei vom Leben geprüfte, jedoch unvermindert tatkräftige Frauen aufeinander, die in dem, was sie außerdem gemeinsam haben, weitaus mehr als nur einen Lebensunterhalt sehen. Frieda ist die erste Kolonialschriftstellerin Deutschlands. Bis zu ihrem frühen Tod wird sie mit siebzehn Bestsellern vor allem ein weibliches Publikum erobert haben. Dass ihre neue Bekannte sich mehr für die Eroberung jenes Kontinents im Inneren interessiert, für die Seelenlandschaften, findet sie eine fabelhafte Ergänzung.

Beide Frauen führen ein freies Leben. Als anerkannte Schriftstellerinnen sind sie finanziell unabhängig. Beide sind intellektuell eigenständig, weswegen es immer wieder zu heftigen Streitgesprächen kommt, was ihre Zuneigung zwar auf eine harte Probe stellt, am Ende aber keinesfalls erschüttert. Frieda ist ständig auf Reisen, ohne festen Wohnsitz. Je nach Jahreszeit und Befinden bevorzugt sie Kurorte, Schlösser oder Burgen, die als Pensionen eingerichtet sind, mit Vorliebe in Thüringen und Sachsen. Oder sie steigt bei Verwandten in Berlin ab. Da wohnt sie dann in Lichterfelde, inmitten von noblen Erbstücken und ostafrikanischen Masken. Lou besucht sie von Schmargendorf aus über die Felder zu Fuß, oft mit der Zahnbürste in der Tasche, um für eine Übernachtung gerüstet zu sein, falls man wieder einmal bis in die Morgenstunden geredet hat. Die beiden unternehmen viele Wanderungen. Über die Alpen, in der Hohen Tatra. Und sie laufen gerne barfuß, durch den Grunewald, sogar im Schnee. Lou notiert dann in ihr Tagebuch: »Eisig heute, barfuß durch den Wald. Erkältung!« Am Tag darauf: »Herrlich, wieder gesund.«

Während Lou Andreas-Salomé auch schriftlich über Liebesprobleme nachdenkt, bricht Frieda von Bülow ein zweites Mal nach Afrika auf. Diesmal allein. Sie übernimmt die Palmenplantage ihres verstorbenen Bruders und versucht sich als Kleinunternehmerin. An ihren Erlebnissen lässt sie die ferne Freundin in Briefen und Auszügen aus ihrem Tagebuch teilhaben. Als das Auswärtige Amt erklärt, man wünsche in den Kolonien keinen Privatbesitz, weswegen Personenschutz – für eine alleinstehende Frau zumal – nicht garantiert werden könne, ist ihr Experiment, das so hoffnungsvoll begann, endgültig gescheitert. Dringend braucht sie jetzt eine Atempause. Sie macht Station in Paris, wo Lou seit einem Vierteljahr Urlaub von der Ehe nimmt und sich mit Frank Wedekind – rein platonisch – angefreundet hat. Wie überhaupt Lous Männerbeziehungen durchweg keusch bleiben. Vorläufig zumindest. Umso engagierter widmet sie sich ihrer Freundin und deren Anfällen von Schwermut, die nach dem Afrika-Debakel chronische Züge annehmen. Friedas offensichtlich unheilbare Liebe zu Peters ist ein leidvolles Dauerthema. Lou rät ihr, darin ganz Pionierin der Psychoanalyse, Enttäuschungen zu akzeptieren, wenn sie sich schon nicht befreien könne. Und sie findet, Frieda brauche eine neue Aufgabe. Vielleicht für die Frauen?

Erstmal aber reisen sie. Zunächst nach St. Petersburg, das Lou seit ihrem Aufbruch nach Zürich nicht mehr gesehen hat. Sie führt Frieda bei ihrem väterlichen Mentor ein, dem Prediger Hendrik Gillot, der sie zu selbständigem Denken ermutigt hatte, was ihn aber nicht daran hinderte, seinem Schützling sexuelle Avancen zu machen. Dieser erste Vertrauensbruch mag in Lou den Grund für ihr jungfräuliches Leben gelegt haben. So sieht Frieda das, auch die Egozentrik ihrer Freundin führt sie darauf zurück. Für sie hält der Besuch in Lous russischer Heimat eine neue Männerbekanntschaft bereit. Innig befreundet sie sich mit Lous jüngstem Bruder Eugène.

Das Jung-Wien: Im Café Griensteidl verkehren die Literaten und Künstler der Hauptstadt der Donaumonarchie. Hier wird Zeitung gelesen, geredet, diskutiert und sich jenseits gesellschaftlicher Konventionen ausgetauscht.

»Ich kann nicht das Leben hinnehmen, wie es zufällig kommt; mir selbst schaffen will ich es – gestalten nach meinem Bedarfe.«

Doch schon bald steht Wien auf dem Programm. Ein Besuch bei Kollegen gewissermaßen. Lou korrespondiert seit Pariser Tagen mit Arthur Schnitzler, der soeben die *Liebelei* auf die Bühne gebracht hat, ein Stück über die Erotik außerhalb der Ehe. Der Dramatiker sucht die Damen schon am ersten Tag im Hotel auf. Schnell bemühen sich auch die anderen Literaten des Jung-Wien um die Gäste aus Berlin, man buhlt um deren Urteil. Man macht Ausflüge in die Umgebung, besucht Schönbrunn, den Prater und natürlich die Kaffeehäuser. Lou wird als »die Freundin von Nietzsche« hofiert. Die kurze Episode ihres Lebens eilt ihr wie ein Qualitätsprädikat voraus. Besonders der blutjunge Hofmannsthal ist rundum elektrisiert und erhofft sich von ihr eine wohlwollende Würdigung seines noch kleinen Werks. Dass sie mit dem Meisterdenker der Philosophie, der sie einst als sein »Geschwistergehirn« gefeiert hat, allerdings kein »Frauenleben« wollte, daran änderte sich auch nichts, als Nietzsche sie zu seinem »Übermenschen« erklärte. Doch das kann Hofmannsthal nicht wissen, das weiß nur Frieda. Die Freundinnen haben keine Geheimnisse voreinander, auch Briefe von Dritten legen sie sich gegenseitig vor. Lou liebt Wien. Sie hält die Metropole an der Donau für die »erotischste Stadt« weit und breit. Und sie bleibt noch eine Weile. Frieda hingegen zieht sich zurück und schreibt auf, was sie gesehen hat.

Das Geheimnis des literarischen Erfolgs Frieda von Bülows liegt in ihrer lebendigen Erzählweise. All ihre Geschichten beruhen auf tatsächlichen Begebenheiten, die sie selbst oder ihre Freunde erlebt haben. Dieser Realismus brachte ihr jedoch nicht nur Erfolg, sondern auch Ärger von Seiten ihrer »Modelle« ein, wenn die sich in ihren Werken wiedererkannten. Es kam zu öffentlichen Angriffen, in einem Fall sogar zu einem Prozess wegen Persönlichkeitsbeleidigung. Ganz anders Lou Andreas-Salomé. Köstlich amüsiert sie sich darüber, dass selbst flüchtige Bekannte sie bereits auf der ersten Seite von Bülows Erzählung *Zwei Menschen* identifizieren: »Helga von S.« heißt die Heldin, als Berufsbezeichnung trägt sie in das Gästebuch einer Berghütte »Egoistin« ein, während ein paar Sportfexe, mit denen sie schnell ins Gespräch kommt, stolz als Schriftsteller und Poeten firmieren. Unschwer sind darin die Wortführer des Café Griensteidl zu erkennen, Richard Beer-Hofmann, Felix Salten und allen voran der Erfinder des »süßen Mädels«, Arthur Schnitzler. Frieda von Bülow muss nur aufschreiben, was sie in Wien erlebt hat, als sie mit Lou allabendlich im Griensteidl herumsaß – oder in Begleitung der Herren die Berge im Salzburger Land hochkraxelte.

»Mein oberstes Lebensbedürfnis ist die Freiheit, sagt Helga lebhaft.« Man mag sich vorstellen, wie den jungen Literaten im Kaffeehaus am Michaelerplatz die Ohren geklungen haben, wenn die schöne russische Generalstochter ihre Lebensmaximen darlegte: »Ich kann nicht das Leben hinnehmen, wie es zufällig kommt; mir selbst schaffen will ich es – gestalten nach meinem Bedarfe. Was ich dazu brauche, muss ich mir nehmen dürfen … ich bin so fest entschlossen, mich nicht einengen zu lassen, dass ich, wollte man Zwang anwenden, morden würde.« Was die Männer an Lou alias Helga fesselt, weiß Frieda, die als Autorin alle zusammen beobachtet, genau. Sie formuliert es so: »Helga hat nichts von der halb instinktmäßigen weiblichen Koketterie, die darauf gerichtet ist, durch Äußerlichkeiten Männer anzuziehen und zu fesseln und ihre Sinne zu verwirren. Sie ist … vorwiegend mit Ideen beschäftigt … Dagegen würde sie jedem ins Gesicht lachen, der ihr mit gewöhnlichen Artigkeiten kommen wollte … Sie ist wie das Meer, unbewusst grausam, still und stürmisch, durchsichtig und geheimnisvoll, launenhaft und doch sich selber treu – ein schönes, anbetungswürdiges Ungeheuer.« Auch die »wissenschaftliche Natur« der Helga von S., ihre Ansichten über die Liebe und die leidenschaftliche »Forschungsreise nach dem Wesen des Menschen« charakterisieren Lou Andreas-Salomé genau. Allerdings ist Frieda von Bülow nicht immer einverstanden mit dem Durchsetzungswillen der Freundin. Als diese mal wieder einen Verehrer hat abblitzen lassen, schreibt sie: »Natürlich ist es richtig, dass du dich auslebst, wie deine Natur es will, auch auf Kosten anderer. Aber das Gefühl beharrt auf dem anderen Urteil: Es ist nicht schön, wenn der Stärkere sich von der Kraft des Schwächeren nährt, besonders gegen dessen Willen.«

Lou Andreas-Salomé revanchiert sich später gleichfalls mit einem Schlüsseltext. Der Roman heißt *Das Haus* und spielt in Göttingen, wohin sie 1904 mit ihrem Mann umzieht. Darin treten die wichtigsten Personen ihres Lebens auf, Frieda von Bülow ist eine emanzipierte Frau mit masochistischer Liebesneigung. Sie selbst eine

»Sie ist wie das Meer, unbewusst grausam, still und stürmisch, durchsichtig und geheimnisvoll, launenhaft und doch sich selber treu – ein schönes, anbetungswürdiges Ungeheuer.«

Menage à trois und mehr: In der Laube der Wolfratshausener Villa verbringen die Freundinnen den Sommer 1897, Frieda (links), Rilke, der Architekt August Endell, Lou.

sehr junge Frau, die nur ihrem Bruder nahe ist. Die Fähigkeit, sich selbst mitleidlos zu analysieren, das gehört zweifellos zu Lou Andreas-Salomés großer Stärke.

Was Lou auch in den Augen der anderen fehlt, ist Wärme. Frieda wird es leidvoll erleben, als sie knapp über fünfzig an Krebs erkrankt und in den letzten Monaten sich nach dem Zuspruch ihrer Freundin sehnt. Allein, die lässt sie im Stich, schreibt lange Briefe voller Theorie, schreibt auch, sie brächte es nicht übers Herz, die Freundin in ihrem Leiden zu sehen. Frieda weiß noch von einem anderen Mangel in Lou. Ihr fehle die Liebesfähigkeit. Deshalb habe sie keinerlei Schuldgefühl, wenn sie diese Gabe in einem anderen hervorrufe. Im Gegenteil, sie beneide ihn, weil sein Leben damit »intensiver, wärmer, feuriger« werde. Denn eigentlich möchte sie in ihrem Leben nur einmal so recht »blind und tollköpfig lieben. Mit allen Seufzern und Tränen und Angst«. Das denkt sie sich »wunder-wunder-schön«. Wie die Freundin dann doch zu diesem »schönen Wahnsinn« gelangt, das erlebt Frieda alsbald aus nächster Nähe mit.

Gemeinsam führen sie ein Vagabundenleben, im Mai 1897 treffen sie sich in München, gemächlich lassen sie sich durch die Stadt treiben, Theater, Museen, Abendgesellschaften. Sie schauen bei Sophia Goudstikker in ihrem berühmten Fotoatelier vorbei. Die hat soeben als erste Frau den Titel »Königlich Bayerische Hoffotografin«

»Mit Frieda lebte ich in fruchtbaren Debatten infolge unserer Verschiedenheit, die ich jedoch dankbarer ertrug als sie, die uns unabdingbar gleich haben wollte.«

erhalten. Sie fährt Rad, trägt das Haar kurz und lebt mit einer Frau zusammen, der ersten promovierten Juristin Deutschlands. Die beiden Berlinerinnen lernen deren Freunde kennen, Frank Wedekind, den sie schon seit Paris kennen, Jakob Wassermann, der soeben mit einem Roman über die Juden von Zirndorf bekannt geworden ist, und auch Franziska von Reventlow.

Frieda hält einen Vortrag über das Kolonialwesen in Afrika, Lou begegnet nach dem Theater einem jungen Dichter, René Maria Rilke. Eigentlich ist er noch Student, er überschüttet die vielbegehrte Russin mit Gedichten. Er betet sie an. Was Lou anfangs für einen Spleen hält, was sie belächelt, beginnt sie zunehmend zu faszinieren. So viel bedingungslose Hingabe? Frieda und Lou wollten den Sommer gemeinsam auf dem Land verbringen, in einem kleinen Haus in Wolfratshausen, und dort Besuch aus München empfangen, Anita Augspurg, Wedekind und die anderen. Aber jetzt sind sie zu dritt. Sie nehmen René, den Lou in Rainer umtauft, einfach mit. Frieda sieht freilich schon bald, dass sie es ist, die mitgenommen wurde. Gut genug kennt sie sich mit dem Wirrwarr von Gefühlen aus, um zu bemerken, dass da zwei ihr ganz großes Liebesabenteuer entdeckt haben. Es kommt zwar immer wieder Besuch, auch der arglose Friedrich Carl Andreas, den Frieda den »Loumann« nennt, reist aus Berlin an. Aber da das Paar ohnehin kaum merkt, ob jemand da ist oder nicht, verabschiedet sie sich. Rilke ist Lous erster Mann. »Jetzt erst bin ich jung«, jubelt sie, weil sie mit ihm schläft, was ihr bislang schlichtweg unvorstellbar war. Damals, so sagt sie über die Zeit davor, sei sie ein Mann gewesen. Jetzt kann sie plötzlich in übermütiges Kinderlachen ausbrechen, verfällt in einen ungewohnten Kinderton. Frieda nennt sie von nun an das »Loukind«. Andererseits, das ist nicht zu leugnen, hat dieses Kind die Mitte dreißig schon überschritten, und der Mann, der in ihr den neuen Lebensschwung auslöst, ist gerade 21.

Bis sich Lou Andreas-Salomé von Rilke abwendet, stehen die nächsten Jahre ganz im Zeichen des Liebespaares. Für Frieda ist das nicht ganz einfach. Nach einer Russlandreise fallen die beiden bei ihr auf dem Bibersberg in Meiningen ein. Sie hat in einem neugotischen schönen Haus mit Park ihr Sommerquartier bezogen. Doch die beiden Gäste sind innerlich abwesend. Frieda fühlt sich ausgeschlossen. Obwohl sie Verständnis für die Liebenden hat – sie ist wie immer in alles eingeweiht und nennt Rilke »den Schüler« –, beklagt sie sich brieflich bei einer Freundin. Die beiden »studierten Sprache, Literatur, Kunstgeschichte, Weltgeschichte, Kulturgeschichte von Russland, als ob sie sich für ein fürchterliches Examen vorbereiten müssten.« Keine Geselligkeit, keine Debatten. Bei den gemeinsamen Mahlzeiten sinken sie, vor Erschöpfung stumm, in sich zusammen. Dabei hätte Frieda von Bülow so viel mit Lou zu klären. Neben ihren Afrikaromanen hat sie ein neues Betätigungsfeld entdeckt. Sie kämpft seit Kurzem für die Befreiung der Frau. Musste die Freundin ihr wirklich so in die Parade fahren, und noch dazu öffentlich in derselben

Wolfratshausen, auf dem Balkon über dem Kuhstall: Frieda ist abgereist, Lous Mann Andreas (links) kommt zu Besuch, Endell, Rilke und Lou.

Zeitschrift, in der sie soeben die Frauen zur Emanzipation aufgerufen hatte? Lou Andreas-Salomé hatte sich jüngst mit einer Studie über »Der Mensch als Weib« viele Gegnerinnen gemacht. »Das Weibliche« verhalte sich »zum Männlichen«, heißt es da, »wie ein Stück uralter, im ältesten Sinn vornehmster Aristokratie auf eigenem Schloss … zum zukunftsreichen, zukunftssicheren Emporkömmling, der es viel weiter bringt, der aber dafür die Ideale der letzten Schönheit und Vollendung immer wieder vor sich auffliegen sieht …« Frieda hingegen sieht es genau andersherum. Es sei an der Zeit, dass Frauen, so sagt sie, vor allem schreibende, für sich neues Terrain eroberten. Es komme nur auf das Selbstbewusstsein an, dann fielen auch nach und nach die mitleidigen Urteile der Männer. Gleichwohl diskutieren die beiden weiter, streiten über ihre Arbeiten, die Frauenfrage und ihre Verliebtheiten. Kühl und impulsiv zugleich, die Analytikerin Lou Andreas-Salomé, weicher und feinnervig, stets schwankenden Stimmungen ausgesetzt, Frieda von Bülow.

»Mit Frieda lebte ich in fruchtbaren Debatten infolge unserer Verschiedenheit, die ich jedoch dankbarer ertrug als sie, die uns unabdingbar gleich haben wollte«, schreibt Lou Andreas-Salomé in ihren Erinnerungen. Und sie, die zur perfekten Liebestheoretikerin aufsteigen wird, hält auch in Freundschaften nichts von der Sehnsucht nach Verschmelzung. Sie weiß, »dass Zwei nur dann Eins sind, wenn sie Zwei bleiben«.

Djuna Barnes 1892–1982, Schriftstellerin
Emily Coleman 1899–1974, Schriftstellerin

Djuna Barnes

Emily Coleman

»... eine Bulldogge am Saum des Himmels.«

Was tat eine junge Amerikanerin in den 1920er Jahren, die Schriftstellerin werden wollte? Sie ging nach Paris. In die Hauptstadt der Literatur. Surrealisten, Pound, Joyce und Gertrude Stein, alle waren da. Hier sammelte sich die Avantgarde der Künste, hier herrschte ein neuer Lebensstil. Frauen gründeten Kunstsalons, Verlage und Buchhandlungen, sie gingen alleine aus, trugen Hosen, kurze Haare, rauchten und tranken in Bars und Clubs und praktizierten öffentlich eine bis dahin ungekannte Freizügigkeit. »Kein Mensch untersteht sich, eine feste Ansicht von Leben, Liebe oder Literatur zu hegen, ehe er in Paris gewesen ist … Und so geschah es, dass auch ich nach Europa kam«, schreibt 1922 Djuna Barnes in ihrer ersten Reportage aus Paris. Seit sie vor drei Jahren aus New York kam, ist die Stadt für sie zur Bühne geworden.

Capeschwingend betritt sie die Szene, elegant, die Hutkappe kess umgeschlagen, Zigarettenspitze, rotgeschminkter Mund. Eine kühle Lady. Ihr Stil ist von nobler Exzentrik, er hat Klasse, wird vielfach kopiert, lange bevor sie zur Schriftstellerin von Rang aufsteigt. Über den Großen Teich hinweg eilt ihr der Ruf einer Sirene voraus, in New Yorker Künstlerkreisen spricht man über sie, man liest, was sie schreibt. Amüsante Porträts in großen Magazinen wie *Vanity Fair* über Coco Chanel oder Kiki vom Montparnasse, die zuweilen recht unbekümmert mit den Fakten umgingen. »Die so reizende, so frische und so begabte Djuna Barnes … war ganz entschieden eine der talentiertesten und … eine der faszinierendsten Gestalten der literarischen Welt«, befand die *Ulysses*-Verlegerin Sylvia Beach, in deren Buchhandlung »Shakespeare & Company« sich vorzugsweise die »expatriates« trafen, die amerikanischen Künstler in Paris.

Als die junge Journalistin Emily Coleman in Paris eintrifft, ist Djuna Barnes eine feste Größe für sie. Sie begegnet ihr dort, wo man hingeht, im Café de Flore, auf den Partys von Gershwin und Man Ray, im Salon von Gertrude Stein. Die Königin der Literatur, die Picasso entdeckt hat und die in ihrer Wohnung zwischen Meisterwerken der Moderne Hof hält, ist keine Freundin vielversprechender Frauen, vor allem wenn sie jung und schön sind. Sie bleibt gern einzigartig. Während Schriftstellerehefrauen im Nebenzimmer durch ihre Gefährtin Alice B. Toklas vom eigentlichen Ge-

»Kein Mensch untersteht sich, eine feste Ansicht von Leben, Liebe oder Literatur zu hegen, ehe er in Paris gewesen ist.«

schehen ferngehalten werden, nimmt die Hausherrin im Salon Berufskolleginnen unter die Lupe. Djuna Barnes immerhin wird gelobt. Für ihre makellosschönen Beine. Djuna ist empört. »Was hat das mit Literatur zu tun?«, ereifert sie sich später der Freundin gegenüber. »Ich konnte sie nicht ausstehen. Sie musste immer im Mittelpunkt von allem sein. Ein monströses Ego …«

Djuna gehört zu keiner Clique, ist aber überall zu sehen, in den Night-Clubs, Bars und vor allem im lesbischen Salon der Natalie Barney. Sie ist immer ein wenig für sich, eine Einzelgängerin, während Emily sich mitten ins Geschehen stürzt. Unterhaltsam, schlagfertig, witzig, wird sie als Partygast gern gesehen. »Was für eine Zeitverschwendung«, hat Djuna rückblickend gesagt, »als ich das merkte, hab’ ich damit aufgehört.«

Inzwischen ist ihr Roman *Ryder* erschienen. Es ist die Geschichte einer Familie, die ihrer eigenen ähnelt: eine Art bohemienhafter Kommune auf dem Lande, geprägt von Geldmangel, Verwahrlosung und Gewalt. Seinem Thema zum Trotz schafft es *Ryder* auf die Bestsellerliste – es wird das einzige Mal in ihrem Leben bleiben, dass sie mit einem Roman Erfolg hat. Nur unter Insidern wird ihr *Ladies Almanack* gehandelt, eine bissige Satire auf Natalie Barney und ihren »Damenflor«, der auf intimen Kenntnissen der Autorin beruht. Seit Jahren lebt Djuna in einer unglücklichen Beziehung mit der Bildhauerin Thelma Wood, deren Eskapaden und Treulosigkeiten sie an den Rand ihrer Kräfte bringen. Doch auch sie hat flüchtige Affären, mit Frauen wie Männern.

Emily Coleman, die mit einem Werbefachmann verheiratet ist, schreibt zunächst Gesellschaftskolumnen für die *Tribune.* Aber eigentlich möchte sie Schriftstellerin werden. Es gelingt ihr, Gedichte und Erzählungen in der renommierten Zeitschrift *transition* unterzubringen, neben Joyce, Gide und Gertrude Stein. Vor allem beendet sie einen Roman, ihren einzigen: *Shutter of snow* (*Unter Schnee begraben*), der den Zustand der modernen Psychiatrie und der Irrenhäuser anprangert. Auch sie verarbeitet darin ihre eigene Erfahrungen. Das »Mädchen mit dem ungezügelten Charakter« hatte im Wellesley-College studiert, einer der ersten Ostküsten-Adressen für die Ausbildung von Töchtern aus gutem Hause. Durch eine ungewollte Schwangerschaft aus der Bahn geworfen, veranlasste der Vater ihre Unterbringung in einer psychiatrischen Anstalt. Was immer in ihrem Leben aber passierte, Emily Coleman war eine vehement kämpferische und vom eigenen Genie überzeugte Person. Ein »vulkanisches Temperament«, sagte Emma Goldman über sie, eine russische Anarchistin, deren Memoiren Emily aus Sympathie mit der Autorin ordnete und sprachlich in Form brachte.

Einander näher kommen sich Djuna Barnes und Emily Coleman Anfang der 1930er Jahre auf Peggy Guggenheims englischem Landsitz Hayford Hall. In dem großen Herrenhaus aus dem 18. Jahrhundert empfängt die Millionenerbin jeden Sommer ihre Freunde aus Paris. Für Djuna ist es ein Zufluchtsort. Nachdem sie sich in einem quälend langen Prozess von Thelma Wood getrennt hat, und nach diversen Abtreibungen schreibt sie einen neuen Roman. Was sie jetzt braucht? Ruhe, Geld und Zuversicht. Es sind harte Jahre für sie: Sie ist knapp vierzig, ihre besten Zeiten als Journalistin in New York und Paris sind vorbei. In der Weltwirtschaftskrise haben auch jene Zeitungen, bei denen sie früher gut verdient hat, kaum mehr Verwendung für ihre luxuriösen Fähigkeiten. Dass sich hinter der glamourösen Fassade von der eleganten, extravaganten Exzentrikerin in Wahrheit eine schüchterne, selbstzweiflerische Frau verbirgt, zeigt sich in diesen Jahren. Emily ist dagegen unbeschwerter. Da sie Zuwendungen durch ihre Familie genießt, hat sie keine finanziellen Sorgen. Das Schreiben konzentriert sie jetzt auf ihr Tagebuch und ihre Briefe – mit geradezu manischem Eifer: Sie hinterlässt 19000 Seiten Tagebücher und über 31000 Seiten Korrespondenz.

»Im Gegensatz zu den meisten anderen Verrückten«, heißt es in Peggy Guggenheims Autobiografie über Coleman, »verbarg sie ihren Wahn nicht. Im Ganzen gesehen war ihre Verrücktheit eine angenehme Eigenschaft, weil sie sich in Anfällen überschwänglicher Begeisterung manifestierte.« Alkohol trinkt sie kaum. »Sie ist aufgekratzt genug.« Um sie ertragen zu können, meinte Djuna einmal, müsse man ihr ein Sedativum verabreichen. Aber eigentlich kam ihr so viel Überschwang entgegen. Er reichte für zwei.

In Sachen Exzentrik stand Emily ihrer Freundin in nichts nach. Peggy Guggenheim berichtet von einer

Peggy Guggenheim, die große Mäzenin, hat neben zahlreichen Liebschaften auch ein Herz für ihre Freunde. Generös fördert sie manche, darunter auch Djuna Barnes, allerdings nicht ganz so üppig und regelmäßig, wie diese es sich wünschte.

Fahrt zu dritt durch die winterlichen Abruzzen, als sie auf der vereisten Straße gerade noch vor einem Abgrund zum Stehen kommen. Die Insassen haben alle Hände voll zu tun, das Auto von der Kante wegzuschieben. Nur Emily »verweigerte uns ihre Hilfe, weil sie den Schneesturm verabscheute«. Sie bleibt im Fond sitzen, ein Vorderreifen rutscht ab, das Auto droht in die Tiefe zu stürzen. »Nicht einmal das veranlasste sie, sich von der Stelle zu rühren.«

Verrückt mochte sie sein, aber in Sachen Literatur und Sprache gestand ihr Djuna Barnes ein unfehlbares Urteil zu: »Du weißt, wann eine gelungene Textstelle am besten klingt, nicht nur, wann sie dem Leben gerecht wird (was, zumindest in der Literatur, ohnehin nie der Fall ist, solange es nicht richtig klingt), da bist du der reinste Bluthund.« Diskussionen ums Schreiben machen denn auch einen wichtigen Teil ihres gemeinsamen Lebens aus.

Als Djuna in Hayford Hall an *Nightwood* schrieb, hatte Emily zunächst gedroht, das Manuskript des Romans zu vernichten, sollte es irgendwelche für sie prekären Einzelheiten aus ihrem Leben enthalten. Nachdem sie es gründlich gelesen hatte, fördert sie es begeistert. Eine Reihe von Verlagen lehnt es ab. Mit Charme und Energie gewinnt sie T. S. Eliot, Djunas lebenslangen Freund und aufrichtigen Bewunderer

Nach mehreren Entziehungs-kuren schwört Djuna Barnes dem Alkohol ab und schreibt mit dem Vers-drama *Antiphon* ein letztes großes Werk. Auch hier geht es wieder um eine Inzestbeziehung, diesmal um die zur Mutter.

ihrer Prosa, das Buch bei Faber & Faber in London, wo er als Lektor beschäftigt ist, herauszubringen. Doch er hat Vorbehalte. Das Buch ist schwere Kost, es handelt von sexuellen Delikten, von Inzest, Missbrauch Minder-jähriger, Bigamie. Und bis es so weit ist, bedarf es zahllo-ser Überarbeitungen, die Emily energisch begleitet. In diesen Jahren war sie für Djuna Barnes das vielleicht wichtigste Gegenüber.

Das Buch, ein Hauptwerk der Moderne, er-scheint 1936, die Kritik bezeichnet es als »morbide, ver-quer und interessant«. Der Erfolg bleibt aus, selbst Freunde aus Pariser Tagen wie Ezra Pound lehnen es ab. Djuna Barnes betrachtet sich als gescheitert, sie bricht nahezu jeden Kontakt nach außen ab, verkriecht sich, trinkt.

»Ich verzweifle, weil ich keine gute Prosa oder Lyrik mehr schreiben kann«, vertraut sie im Dezember 1938 ihrer Freundin an. Doch noch weiß sie, was sie an ihr hat. »Dass einem jemand zuhört, ist eines der wenigen verbliebenen Aphrodisiaka.« Dabei ist sie seit jeher ziem-lich verschlossen. Viele ihrer Tagebücher verbrennt sie, sie hasst bekennende Gesten, das »Zurschaustellen und Ausplaudern innerster Geheimnisse«. Nur mit Emily pflegt sie jene »Gespräche der innerlichen Art«.

Sie leidet unter großen Geldnöten, die immer wieder durch Zuwendungen Peggy Guggenheims in unterschiedlicher Höhe gelindert werden. Auch Joyce unter-stützt sie mit Einnahmen aus *Ulysses*. Beckett übersandte ihr später einen Teil der Tantiemen aus *Warten auf Godot*. Djuna zögert nicht, sich von reichen Männern aus-halten zu lassen. »Nach Gold graben« nennen die beiden diese Überlebenstaktik, der sich zeitweise auch Emily bedient. Über eine derartige Beziehung zwischen Djuna und einem ungenannten Kavalier berichtet Emily in ihrem Tagebuch: »Sie hatte es noch nie gemacht, aber die Geldnot hat sie zur Verzweiflung getrieben, also hat sie sich zusammengerissen und auf ihre Weise nach Gold gegraben: ›Ich will hundert Dollar, und zwar OFT. Ich will Parfüm, und zwar jedes Wochenende. Notieren Sie sich die Sorten, die ich mag. Ich will Kaviar.‹ Und sie hat den Kaviar bekommen. Er fragte: ›Reiten Sie gern?‹ Sie antwortete: ›Ein Pferd können Sie gern auch mitliefern.‹ Er notierte sich die Parfümmarken, die sie gern mag, und schlug dann vor, sie könnten ins Brevoort gehen. ›Wollen Sie sich unter den Pöbel mischen?‹, fragte Djuna.«

Immer wieder erkrankt Djuna Barnes, ihre schlimmste Krankheit ist die Depression. Emily hat sie in einem Brief »unerträglich introvertiert« genannt, ein Urteil, dem Djuna in ihrer Antwort zustimmt. »Ich spreche buchstäblich kaum 10 laute Worte am Tag. Ich sehe fast niemanden, ich gehe nicht aus … Ich wünschte, ich könnte in einem Kloster leben, oder mit den wenigen Leuten, die ich liebe, auf einer verlassenen Insel, und es wären verdammt wenige, und die Hälfte von ihnen würde auf der anderen Seite der Insel bei Laune gehalten werden müssen.«

Einsam, verzweifelt, zieht Djuna sich immer weiter zurück. Auch ein Besuch 1940 in Arizona, wo Emily einen Viehzüchter geheiratet hat, bringt die beiden Frauen einander nicht mehr nahe. Djuna hatte außerdem Emilys Zorn erregt. Ohne Rücksprache zu nehmen, strich sie Emilys *Nightwood*-Essay – sie nennt ihn eine »klebrige Apologie« –, der in der Zeitschrift *Blues* erscheinen sollte, zusammen. Das führte dazu, dass der Aufsatz nicht erschien, was Emily ihr nie verzieh. Ein paar Briefe wurden noch gewechselt. Mehr nicht. Aber Emily setzte sich zeitlebens dafür ein, dass Peggy Guggenheim den gelegentlichen Scheck für Djuna nicht vergaß.

Emily Coleman – »eine Bulldogge am Saum des Himmels«, so nannte Djuna Barnes sie einmal – trat 1944 zum Katholizismus über und beendete ihre Tage auf der Catholic Workers Farm im Norden von New York. »Die berühmteste Unbekannte ihrer Zeit«, wie Djuna Barnes sich selbst bezeichnete, bewohnte bis zu ihrem Tod vierzig einsame Jahre lang im New Yorker Greenwich Village einen Raum, etwa vier mal vier Meter, mit einem winzigen Badezimmer, einer noch kleineren Kochnische, einem begehbaren Schrank, zwei Fenstern zum Hof und einer Reiseschreibmaschine – auf der sie täglich schrieb.

»Dass einem jemand zuhört, ist eines der wenigen verbliebenen Aphrodisiaka.«

Virginia Woolf 1882–1941, Schriftstellerin
Vita Sackville-West 1892–1962, Schriftstellerin

» … und der Wert ihrer Freundschaft kann nicht in Gold aufgewogen werden. «

Virginia Woolf und Vita Sackville-West

Das Erste, was Virginia an Vita auffiel, war »ihre aristokratische Schönheit«, waren ihre Beine. »Ah, sie sind exquisit«, schrieb Virginia Woolf in einem Brief, »wie zwei schlanke Säulen führen sie hinauf in ihren Leib.« Und in ihrem Tagebuch vermerkte die Autorin von *Orlando* später: »Sie hat etwas von einem Hirsch oder einem Rennpferd, abgesehen von ihrem Schmollgesicht.« Bereits völlig in Virginias Bann berichtet Vita Sackville-West ihrem Mann: »Ihr Charme und ihre Persönlichkeit würden dich zu Boden strecken. Mrs. Woolf ist so einfach. Sie macht unbedingt den Eindruck von etwas Großem.« Nicht verschwiegen wird: »Sie ist … ganz ohne äußere Verzierungen – sie zieht sich abscheulich an. Anfänglich hält man sie für unscheinbar, dann zwingt sich einem eine Art geistiger Schönheit auf.«

Virginia Woolf, gebildete Tochter des Kritikers und Biografen Leslie Stephen, ist von Kindheit an mit zeitgenössischer Kunst und Literatur in Berührung gekommen. Sie steht im Mittelpunkt des rasch legendär gewordenen Bloomsbury-Kreises, einer Schar von Intellektuellen, zu dem die Malerin Vanessa Bell, Virginias Schwester, Literaten wie Stephen Fry oder Lytton Strachey ebenso gehören wie der Mathematiker Bertrand Russell und der Ökonom John Maynard Keynes. Als Virginia ihre neuen Bekannten, Vita und deren Mann Harold, bei Bloomsburys einführt, fallen die beiden mit Pauken und Trompeten durch. Zu unbedarft, zu wenig intellektuell. Besonders Harold, der sich tapfer um einen guten Eindruck bemüht, wird von Lytton Strachey, »geschmeidig und fein wie ein Lederhandschuh«, gnadenlos zerpflückt. »Er ist ein einziger Bluff.« Die Gastgeberin, dafür bekannt, dass sie »teuflisch boshaft« sein kann, springt Harold bei.

Unter dem Eindruck dieses Erlebnisses trennen sich für kurze Zeit ihre Wege, aber bald kehrt in Vita, der zehn Jahre jüngeren, eine schwärmerische Bewunderung zurück: »Sie ist wie ein Engel, und der Wert ihrer Freundschaft kann nicht in Gold aufgewogen werden. Gott, welche Intelligenz!, welche Empfindsamkeit im besten Sinne, Fantasie, Poesie, Kultur, alles unkitschig und echt. Ich habe richtig mein Herz verloren.« Virginia, die nach langem Zögern 1912 Leonard Woolf geheiratet hatte, fühlt sich zu Männern erotisch kaum hingezogen. »Warum sind Frauen … so viel interessanter für Männer, als Männer es für Frauen sind.« Virginia verliebt sich in die

»Liebling, es macht mir Angst vor dir.
Angst vor deinem durchdringenden Verstand
und deiner Lieblichkeit und deinem Genie.«

»entschiedene Sapphistin«. Es ist Mitte der 1920er Jahre. Über Vita sind Skandalgeschichten in Umlauf, in munterem Wechsel durchlebte sie wildeste Amouren, die mit Violet Keppel zum Beispiel, mit der sie monatelang durch Paris vagabundierte, wo Vita als junger Mann verkleidet, als Soldat mit Kopfverband, mit Violet in Nachtclubs tanzte.

Virginia schreibt Rezensionen für das *Times Litterary Supplement* und betreibt mit ihrem Mann Leonard Woolf die Hogarth Press, in der sie Werke von Tschechow, Tolstoi, Dostojewski, amerikanischen Zeitgenossen wie Gertrude Stein, aber auch Sigmund Freuds *Traumdeutung* herausbringt. Und sie schrieb bislang drei Romane, die allerdings noch nicht den gewünschten Erfolg brachten.

Vita Sackville-West, die altem britischen Hochadel entstammt, ist gleichfalls schriftstellerisch tätig. Ihre Bücher,

Die schöne Vita: Das Autorenporträt der jungen Schriftstellerin von 1926.

Unterhaltungsromane, die meist in adligen Kreisen spielen, historische Studien und Reiseberichte, verkaufen sich besser als die Sprachkunst der zehn Jahre älteren Virginia Woolf. Mrs. Nicolson schreibt mühelos fünfzehn Seiten am Tag, vermerkt Virginia mit Missbilligung. Doch neidvoll muss sie einräumen: »Mein Gehirn würde sich niemals 14000 Wörter in der Woche abringen lassen, folglich muss mir eine zentrale Energie fehlen.« Und sie bewundert, dass Vita es neben »der Schreiberei« schafft, Mutter, große Dame, Gastgeberin zu sein. Gerade nähert Virginia sich in mühevoll kleinen Schritten dem Ende von *Mrs. Dalloway*. Ihre literarische Erfindung, die sie in diesem Roman zum ersten Mal erprobt, der »innere Monolog«, wird sie später weltberühmt machen. Vita ist mit dem Diplomaten Harold Nicolson verheiratet, der zwischen Teheran, Berlin, Paris und London unterwegs ist. Die beiden führen eine vertrauensvolle offene Ehe, jeder geht seinen – gleichgeschlechtlichen – Beziehungen nach.

Virginia Woolf litt zeitlebens unter Depressionen, die ihre Ursache in traumatischen Ereignissen ihrer Kindheit hatten.

Bald kommen die beiden einander näher, bald liest Virginia Vitas Manuskripte und greift kommentierend ein. Befriedigt stellt sie fest, dass die Schnellschreiberin den »früheren Wortreichtum« abgestreift hat, die Verliebtheit ins Dekor. »Sie hat einen Schimmer von Kunst erhascht« notiert die gestrenge Lehrmeisterin in ihr Tagebuch. Und an anderer Stelle, nüchtern-kühl: »Sie hat keinen klaren Verstand.« Vita empfindet allzu stark, wie überlegen Virginia ist und eine Schriftstellerin, mit der sie sich nie wird messen können. Doch sie ist selbstbewusst genug, das Talent ihrer Weggefährtin anzuerkennen. »Liebling, es macht mir Angst vor dir«, schreibt sie, nachdem sie – wie »unter einem Zauberbann« – den Roman *Die Fahrt zum Leuchtturm* gelesen hatte: »Angst vor deinem durchdringenden Verstand und deiner Lieblichkeit und deinem Genie.« Bei aller Bewunderung für das Können der Freundin erkennt sie genau den Preis, den diese dafür bezahlt, und sie deutet an, dass sie selbst zu einem solchen Opfer nicht bereit wäre: »Deine schönen Bücher … du hast das *mot juste* mehr als jeder andere moderne Schriftsteller, den ich kenne … Ich frage mich, ob dich das viel Mühe kostet, oder in voller Rüstung hervorspringt wie Athene aus der Stirn des Zeus? … Das Komische ist, dass du die einzige Person bist, die ich je gekannt habe, die ganz abseits der vulgär-lustigen Seite des Lebens steht. Und ich frage mich, ob du dadurch gewinnst oder verlierst?«

Virginia lädt die auflagenstarke Autorin Vita Sackville-West ein, für die Hogarth Press ein Buch zu schreiben. *Verführer in Ecuador* heißt der Roman, den Vita abends in die Tasten hämmerte, nachdem sie tagsüber in den Dolomiten geklettert war. Beneidenswert robust und sehr gesund. Das Buch verkauft sich erwartungsgemäß gut, und so beginnt eine langjährige, für beide Seiten einträgliche Geschäftsbeziehung. Nahezu jedes Buch, das Vita in den folgenden Jahren bei der Hogarth Press veröffentlicht, wird ein Bestseller.

Außer dem Umgang mit elitären Intellektuellen scheint Vita allen Situationen gewachsen. »Sie ist völlig souverän, keine Schüchternheit oder falsche Bescheidenheit, so dass ich mir wie ein Schulmädchen vorkomme«, bekennt Virginia. Sie bewundert deren mondänen Auftritt, elegant und aufreizend lässig. Vitas Fähigkeit zum Genuss, ihre verschwenderische Großzügigkeit wirken vollkommen fremd in der spartanischen Existenz der Woolfs. Körbe von Erdbeeren, ausladende Lupinensträuße, spanischer Weißwein, Alella, ihre Lieblingsmarke – Vita wirbelt immer mit Geschenken über die Schwelle. Als »überströmendes Füllhorn« beschreibt Virginia die Freundin späterhin, »opulent«, »prächtig«, »rosigglühend«. Ihre Weltgewandtheit und Vitalität sind für sie verehrungswürdig. Besonders aber verehrt sie Vitas Fähigkeit, »über das Silber, die Diener, die Hunde zu gebieten«, beneidet sie für ihre Söhne, und dafür, »dass sie, … das ist, was ich nie gewesen bin: eine richtige Frau«. Vita ist eine Kraftfrau, androgyn und schön. In ihren Armen lernt Virginia die Lust und ihren Körper kennen.

»Liebste … bitte komm und bade mich wieder in heiterer Gelassenheit«, schreibt Virginia nach einem Wochenende auf Vitas Landsitz in Kent. »Ja, ich war ganz und vollkommen glücklich. Wenn du mein Innerstes nach außen hättest wenden können, hättest du gesehen, wie jeder Nerv von Feuer durchströmt war, ungestüm und doch ruhig.« Dann sieht sie Vita vor sich, am Kamin, dieses »von innen glühende Wesen«. Viel später beschreibt sie das, was sie empfand, wenn sie von Vita getrennt war, den Hunger, der sie noch immer beim Gedanken an Vita überfällt. »Es war der Körper, der fühlte, nicht das Gemüt … Haben zu wollen und nicht zu haben, das erfüllte ihren ganzen Körper mit einem Gefühl der Härte, der Hohlheit der Anspannung. Und außerdem, haben zu wollen und nicht zu haben – zu wollen und zu wollen –, wie einem das das Herz abdrückte, und wieder und wieder abdrückte.«

Wenn Vita nicht nach Teheran, Ägypten oder Berlin reist, pendeln die Freundinnen zwischen London und dem Land, um jede freie Minute miteinander zu verbringen. Es sei denn sie arbeiten, und beide arbeiten viel. Zwischen Tavistock Square in Bloomsbury, dem Wohnhaus der Woolfs, wo sich die beiden in die Druckerei im Souterrain zurückziehen und Vita auf dem Fussboden sitzt, wie eine Jüngerin zu Füßen der Meisterin, Monk's House, einer umgebauten Bauernkate mit kleinem Garten in Flusslandschaft, oder auf dem schönen Landsitz der Nicolsons, Long Barn in Kent. Dort lagern sie in der Halle vor dem Kamin, trinken Alella, und Vita schickt Virginia keineswegs um 23 Uhr ins Bett, wie Leonard es fordert. Eine von vielen Maßnahmen, um Virginias Alltag und ihrer stets gefährdeten Gesundheit Stabilität zu geben.

Vita 1939 in ihrem Arbeitszimmer in Sissinghurst. Auf dem Schreibtisch kann man ein Porträt von Virginia Woolf entdecken.

Zeitlebens war Virginia psychisch krank, mehrmals versuchte sie, sich umzubringen. In ihren Tagebüchern deutet sie der Moral der Zeit entsprechend nur vage an, dass ihr Stiefbruder sie in ihrer Kindheit sexuell belästigt oder missbraucht hat. Eindeutig geäußert hat sie sich dazu nie. Jedenfalls war ihr Körperlichkeit stets unangenehm, die Ehe mit Leonard knüpfte sie an die Bedingung, mit ihm das Bett nicht teilen zu müssen. Das Paar lebt platonisch zusammen und versteht sich vorzüglich.

So lebenslustig aber, so ungestüm und fröhlich wie in der Zeit mit Vita war Virginia lange nicht mehr. Sie bittet nun sogar um Puder und Schminke – hat sie nicht bislang alle »äußeren Verzierungen« abgelehnt? – und bedankt sich: »Nun hast du eine Hemmung beseitigt, ein Heim ruiniert, ein Herz berauscht, und mich fürs Leben zu deiner Sklavin, Bittstellerin, Dienerin, Schuldnerin gemacht. Nein, mehr kann ich nicht sagen. Tom (T. S. Eliot) kommt morgen zum Dinner, und ich werde neugierig beobachten, ob Lippenrot sein marmorgleiches Herz höher schlagen lässt. Und Ihres Madame? Haben Sie eins? Wir Damen, die sich pudern – du verstehst: Du hast mich in die große Gesellschaft der wirklichen Frauen aufgenommen –, die Sehnsucht meines Herzens.« Derlei Ausgelassenheit wird einmalig bleiben im Leben der von depressiven Krankheitsschüben gequälten Frau. Vita und Virginia reisen dann endlich zusammen. Zwar nicht nach Ägypten oder noch viel weiter, wie Vita es sich wünschte. Aber immerhin, sie reisen nach Burgund, zuckeln mit dem Automobil durch Dörfer und Weinberge, steigen in kleinen Herbergen ab, dinieren aufs Erlesenste und besichtigen die reichen Kulturschätze der Gegend. Sie verehren sich und sie lieben sich. Vita liebt vor allem Virginias Geist. Virginia liebt Vitas Körper und ihre Sinnlichkeit.

Doch bald kommt es zu ersten Auseinandersetzungen. Virginias Briefe findet Vita zu kurz, zu wenig zärtlich und zu spärlich. Vita beklagt sich, ein wiederkehrender Vorwurf, Virginia liebe eher mit dem Verstand als mit dem Herzen. »Betrachte es, wenn du willst, als literarischen Stoff«, schreibt Vita, als sie wieder einmal versucht, Virginia zu einer Reise zu überreden, »so wie du, glaube ich, alles betrachtest, menschliche Beziehungen eingeschlossen«. Gleich darauf erklärt sie weshalb und scheint nicht zu wissen, was sie anrichtet: »O ja, du magst Menschen eher mit dem Kopf als mit dem Herzen – verzeih mir, wenn ich mich irre.« Virginia antwortet: Der Brief »tat mir sehr weh – was zweifellos die erste Stufe der Vertrautheit darstellt –, keine Freunde, kein Herz, nur ein gleichgültiger Kopf«. Und Vita legt nach: »Bist du nicht ein Schuft, dass du mir das Gefühl gibst, ich wäre einer?«

Als allmählich die Marys, Dorothys und Margarets in Vitas Leben auftauchen, neue Affären, die sie in loser Folge eingeht, antwortet Virginia einmal mehr auf den bekannten Vorwurf: »Aber verstehst du denn nicht, Eselin West … dass du meiner bald überdrüssig sein wirst (ich bin so viel älter), und folglich muss ich meine kleinen Vorsichtsmaßnahmen treffen. Deshalb lege ich die Betonung eher auf ›Registrieren‹ als auf ›Fühlen‹. Aber Eselin West weiß, dass sie mehr Schutzmauern eingerissen hat als irgendjemand sonst.«

Harold sagt einmal über Vita, sie hätte es am liebsten, wenn ihr Leben als eine Serie von *grandes passions* verliefe. Vita hört nicht auf, Virginia »anzubeten«, aber als Geliebte lösen andere Frauen ihren »Engel von Travistock« ab. Virginia leidet Qualen der Eifersucht, sie wird krank. Aber sie gibt nicht auf. »Da ich immer gewiss bin, dass du am Donnerstag nächster Woche mit einer anderen auf und davon sein wirst …, da all unser Umgang von meiner Seite aus gesehen diesen Anflug von Melancholie hat

»Mein Gehirn würde sich niemals 14 000 Wörter in der Woche abringen lassen, folglich muss mir eine zentrale Energie fehlen.«

»O ja, du magst Menschen eher mit dem Kopf als mit dem Herzen – verzeih mir, wenn ich mich irre.«

und den Wunsch, weißnasig zu sein und dich so einen Augenblick länger zu behalten, gewinnen wir vielleicht an Intensität, was uns an den nüchternen, behaglichen Tugenden einer respektablen und keuschen und kaltblütigen Freundschaft fehlt.«

Aus dem Kummer wird die Arbeit sie retten. Ein neuer Roman; es macht sie glücklich, *Orlando* zu schreiben: die fantastische Geschichte eines jungen Adligen, der als Don Juan vier Jahrhunderte durchschreitet, auf magische Weise sein Geschlecht wechselt, um dann als junge Dichterin in der Gegenwart von 1928 anzukommen. »Ich tauchte meine Feder in die Tinte und schrieb diese Worte, wie automatisch, auf ein sauberes Blatt: *Orlando: Eine Biografie* … Aber höre«, verkündet die Autorin der treulosen Freundin von ihrem Schreibtisch herab, »wenn sich herausstellen sollte, dass Orlando Vita ist, und das Ganze handelt von dir und den Lüsten deines Fleisches und den Lockungen deines Geistes? (Herz hast du keins – du, die du schäkernd mit Mary Campbell durch die Straßen wandelst).«

Das Buch wird eine Huldigung sein, Virginias letztes Bekenntnis ihrer Liebe. Ob Vita damit einverstanden ist, sich vor aller Augen zu entblößen? Ja, Vita ist begeistert, gleichwohl wissend, dass Virginia für das erlittene Unglück Rache übt, dass die Welt unter Posaunenklang von Vitas Untreue erfährt, Vitas Leben. »Ja, vorwärts«, ruft sie keck, »wirf deinen Pfannkuchen in die Luft, bräune ihn schön auf beiden Seiten, gieß Brandy darüber und serviere ihn heiß. Nur denke ich, dass du, nachdem du mich auf die Streckbank gelegt und geviertteilt, mich aufgerollt und wieder verflochten hast … du es deinem Opfer widmen solltest.«

Im Oktober 1928 erscheint der Roman mit der Widmung »Für Vita-Sackville-West«. Zudem lassen in das Buch eingefügte Fotos selbst uneingeweihte Leser schnell das Vorbild für Orlando erkennen. Die Fotos zeigen Vita im Renaissancekostüm und Virginias zehnjährige Nichte Angelica, die als »Sascha« verkleidet ist, Orlandos große Liebe. »Wunderschön«, schreibt Virginia scherzhaft an die Mutter Vanessa, doch »eine Spur zu jung, ich zeige sie Vita, die nicht der Vergewaltigung von Minderjährigen beschuldigt werden will«. Neben den vielen Affären, die sie Orlando schenkt, füllt die Autorin das Buch mit Episoden, die sie mit Vita erlebt hat, bis hin zu den Rosinenbrötchen, die die beiden in Vitas Schlafzimmer über dem Kaminfeuer rösteten. Orlando

ist der Held, der um die »haarige, schwarze Wollust«
buhlt und die Liebe doch stets verfehlt.

Vita kennt den Roman nur aus kargen An-
deutungen. Mit dem druckfrischen Buch auf den
Knien schreibt sie den verehrungsvollsten Brief von
allen. »Die Gedanken kommen mir so schnell, dass
sie übereinander stolpern«, stammelt sie und zeigt
sich »vollkommen geblendet und gebannt«. Virginia
habe »eine neue Form des Narzissmus« erfunden:
»Ich habe mich in Orlando verliebt.« In den Augen
der Welt wird Vita ihr zweites Ich nicht mehr los,
und nicht immer zu ihrem Vergnügen. Anfangs freilich amüsiert sie sich, wenn vorzugsweise Damen
darauf brennen, Orlando zu sprechen. Selbst in Berlin, wohin Harold inzwischen versetzt wurde, kennt
man auf Botschaftsempfängen kein anderes Thema.
Der Schlüsselroman wird zum ersten ganz großen
Erfolg Virginias und zum »Ende einer Liebes-
romanze«, wie Virginia am Tag des Erscheinens von
Orlando in ihr Tagebuch schreibt.

Auch in Virginia verwandelt sich die Leidenschaft, die sie für Vita empfunden hat, nach Jahren
des Schmerzes in eine »keusche« Freundschaft. Ei-

Vita, eine begeisterte
Gärtnerin und Natur-
liebhaberin, in den
1960er Jahren.

ne tiefe Vertrautheit bleibt bestehen. Vita ist inzwischen die Herrin von Schloss Sissinghurst. Sie schreibt nur noch wenig, sie liebt ihre Gärten und ihre Hunde. Auf welcher »Leitersprosse« der Zuneigung sie denn stehe, erkundigt Virginia sich einmal.
Ohne zu zögern antwortet Vita: »Du stehst hoch oben auf den Leitersprossen – immer«.

1940 wird bei einem Luftangriff das Haus der Woolfs schwer beschädigt. Im
Falle einer deutschen Invasion Großbritanniens erwägen beide den Selbstmord. Leonard ist Jude und hätte fliehen müssen. Als Virginia Woolf erneut in ihrer Depression
versinkt, setzt sie ihrem Leben ein Ende. Sie packt sich schwere Steine in die Mantel-
taschen und ertränkt sich am Mittag des 28. März 1941 in dem Fluss, der hinter ihrem
Haus vorbeifließt. Am Abend dieses Tages schreibt Leonard an Vita, damit sie nicht
aus dem Radio von Virginias Selbstmord hört. Virginia sagte noch kurz vor ihrem Tod
über Vita, sie sei ihr neben Mann und Schwester immer die Liebste gewesen.

Susan Sontag

Susan Sontag 1933–2004, Schriftstellerin

Annie Leibovitz *1949, Fotografin

»Du bist gut,
aber du könntest
besser werden.«

Annie Leibovitz

Sie ist erste weibliche Intellektuelle, die es auf die Titelblätter von Modemagazinen geschafft hat. Mit der berühmten weißen Strähne im pechschwarzen Haar. Und sie ist das erste Covergirl, das mit Essays und politischen Thesen nicht nur das akademische Leben aufwirbelte. Susan Sontag kritisierte jahrzehntelang die Politik Amerikas, sie schrieb über Happenings und postabstrakte Malerei, über Hiroshima und Vietnam, über Pornografie und Krankheit als Metapher – und machte solche Sujets in der Kulturszene hoffähig.

Als sie Ende 1988 Annie Leibovitz trifft, um sich für ihr Buch über Aids fotografieren zu lassen, war sie gerade zur Präsidentin des amerikanischen PEN gewählt worden. Ihr Sinn für Publicity und dramatische Statements, ihr vielfach erfolgreiches Engagement für Dissidenten im Ostblock hatten sie zu einer internationalen Ikone gemacht. Auch die Fotografin Annie Leibovitz ist weit über die Grenzen Amerikas hinaus bekannt. Niemand setzt Hollywoodstars und Politprominenz glamouröser in Szene als sie, und sie bringt Prominente dazu, vor der Kamera ungewöhnliche Dinge zu tun.

Sie hatte Kunst in San Francisco studiert und nebenbei ein bisschen fotografiert. Über Nacht wurde sie von der Musikzeitschrift *Rolling Stone* engagiert, drei Jahre später war sie Cheffotografin. Ihr Markenzeichen: mit den Musikern einige Tage zusammenzuleben und in der Zeit Aufnahmen zu machen. 1981 gehörte sie zu den Mitbegründern der neuaufgelegten *Vanity Fair*, zwei Jahre danach war sie Chefin. Später arbeitete sie auch in der Reportage und Werbung. Noch in ihrer Zeit bei *Rolling Stone* hatte sie einige der bedeutendsten Fotos der Popkultur-Ära gemacht, darunter das letzte gemeinsame Bild von Yoko Ono und John Lennon. Die *New York Times* kürte es später zum besten Titelbild des Jahrhunderts: ein nackter John Lennon, der sich liegend an eine ganz in Schwarz gekleidete Yoko Ono schmiegt.

Annie Leibovitz ist bekannt für ihre gründliche Vorbereitung. Wenn sie die Rolling Stones porträtiert, lebt sie mit der Band wochenlang und tourt mit ihr von Auftritt zu Auftritt. Wenn sie einen Schriftsteller porträtiert, liest sie seine Werke. Für das Fotoshooting mit Susan Sontag heißt das, dass sie mit deren erstem Roman be-

»Dass sie sich für meine Arbeit interessierte, das haute mich um. Selbst wenn sie mich kritisierte.«

94

ginnt, der von einem Dandy handelt und *Der Wohltäter* heißt. Natürlich kennt sie auch den Essay *Über Fotografie*, in dem vor der abstumpfenden Wirkung der Bilderflut gewarnt wird. Bilder, heißt es da, hätten unser Realitätsverständnis empfindlich berührt, sie seien »realer als jemand hätte ahnen können ... machten die Realität zum Schatten«. Annies Kollegen zeigten sich wenig begeistert von so viel Kritik, zumal sie auch den Kunstcharakter der Fotografie in Frage gestellt sahen. Manche wie Irving Penn setzten sich heftig zur Wehr. Einige hatten Susan Sontag nach Erscheinen des Buchs sogar die Freundschaft aufgekündigt. Annie Leibovitz steht davor, die Urheberin solchen Zorns kennenzulernen. Die kennt natürlich auch deren fotografische Arbeiten und schätzt sie sehr.

Susan Sontag kommt in ihr Leben, wie sie später sagte, »als ich gerade nicht wusste, wie's weitergehen soll. Ich hielt nichts von dem, was ich machte. Aber dass sie sich für meine Arbeit interessierte, das haute mich um. Selbst wenn sie mich kritisierte.« »Du bist gut«, soll Sontag bei ihrem ersten Treffen gesagt haben, »aber du könntest besser werden.« Aus Sontags Mund klingt das für Leibovitz wie die höchste Form des Lobes. Sie spornt die Jüngere dazu an, härter zu arbeiten, näher ranzugehen, persönlicher zu werden. Zum ersten Mal trifft die Starfotografin auf jemanden, der ihre künstlerischen Absichten versteht, sie bestärkt und dabei das produktive Potenzial ihrer nagenden Selbstzweifel erkennt.

In welchem Ausmaß sie davon geprägt war, schildert der Fotograf Abe Frajndlich. Vom *FAZ-Magazin* 1991 mit einer Titelgeschichte über Annie Leibovitz beauftragt, hatte er unendliche Schwierigkeiten, sie vor die Kamera zu bekommen, und zwar so, wie nicht sie, sondern wie er es wünschte. Der Rollenwechsel vom Boss, der das Sagen hat, zum Model, das sich inszenieren lässt, fiel ihr offenbar schwer. »Sie birst vor Energie, aber es war nicht einfach, mit ihr zu arbeiten, und ich habe zahllose Geschichten gehört, wie sie mit ihren Assistenten umspringt.« Selbst namhafte Kollegen blieben von derlei Machtattitüden nicht

Die amerikanische Meisterdenkerin: Popsongs analysiert sie mit demselben Handwerkszeug wie das Werk von Friedrich Nietzsche.

verschont. Wie alle Autodidakten, die über Nacht zu Profis und dann auch noch berühmt werden, gibt sie das Heft ungern aus der Hand. Zu groß ist eine tief verankerte Unsicherheit trotz allen Erfolgs. »Annie kommt mir vor wie ein Mann, der zufällig im Körper einer Frau steckt. Sie ist knapp 1,90 Meter groß und hat Hände, die meine wie Patschhändchen aussehen lassen. Alles, was sie macht, macht sie wie ein Macho. Aber sie ist eine fantastische Fotografin.«

Von außen besehen sind sie ein seltsames Paar: die seriöse Intellektuelle, die an keinem Kriegsschauplatz der Nachkriegszeit fehlte, von Hanoi über Palästina bis Sarajewo, und die Starfotografin des Showbusiness. Freunde aber charakterisieren sie als sehr ähnlich. Selbstbewusst, zuweilen arrogant, gehören beide zu den wenigen Frauen in ihrer Branche, die hart gearbeitet haben, um sich ihre Spitzenposition zu erkämpfen. Sie bewundern sich gegenseitig in ihrem Ehrgeiz, in ihrer künstlerischen Arbeit, auch wenn jede ein anderes Ziel verfolgt.

Natürlich gibt es auch Differenzen. Immer wieder kommt es zu heftigem Streit über die unterschiedlichen Lebensstile, auch über den zweifellos verschiedenen Grad an Bildung. Susan Sontag war ein Wunderkind, das in der öden Provinz von Arizona aufwuchs, mit drei Jahren lesen konnte, mit sechs zwei Klassen übersprang, mit siebzehn ihren Dozenten für Soziologie heiratete, von dem sie ein Kind bekam, sich bald

»Susan liebte das Reisen und hatte immer eine Liste mit möglichen Zielen. Wenn sie ein Buch fertig hatte, sind wir losgefahren.« Auch die bedeutendste Ikonografin der amerikanischen Popkultur hat die Landschaft entdeckt: hier Annie Leibovitz bei einer Ausstellung in Berlin 2009 vor einem Bild des Monument Valley, wo sie 1993 fotografierte.

»*Annie kommt mir vor wie ein Mann, der zufällig im Körper einer Frau steckt. Alles, was sie macht, macht sie wie ein Macho.*«

danach trennte und sich schon mit zwanzig einen Namen als blitzgescheite, ihrer scharfen Zunge wegen gefürchtete Polemikerin auf akademischen Podien machte.

Nicht selten kommt es zwischen den Freundinnen zu dramatischen Auseinandersetzungen. Dabei kann Sontag der wenig sattelfesten Leibovitz schon mal Dummheit vorwerfen, wenn die den Unterschied zwischen der französischen Revolution und der Oktoberrevolution in Russland nicht kennt. »Susan hatte immer recht«, stöhnte Annie Leibovitz einmal in einem Interview. »Wenn man irgendetwas verteidigte, machte sie daraus einen Harvard-Debattier-Klub.« Obwohl Susan leidenschaftlich gern schon mal einen neunstündigen deutschen Dokumentarfilm anschaut, schleppt sie Annie danach in die nächste Hollywood-Klamotte um die Ecke. »Jeder denkt, sie sei tough, das ist sie, aber eben auch verletzlich.« So gibt es eine Seite in ihrer Beziehung, die von zärtlicher Zuneigung geprägt ist, einer offenen Intimität, von großer Liebe. Das zeigen die Fotos, die Annie Leibovitz in ihrer fotografischen Autobiografie 2006 veröffentlichte, in *A Photographer's Life*.

In Sachen Lebensgier kann Annie Leibovitz nicht unbedingt mithalten. Susan Sontag – »Ich wollte immer soviel wie möglich sehen, erleben, den größtmöglichen Zugang zur Realität finden« – notierte einmal in ihr Tagebuch: »Die Angst, alt zu werden, entspringt der Einsicht, dass man nicht das Leben lebt, das man zu leben wünscht. Es ist ein anderer Ausdruck für das Gefühl, die Gegenwart zu missbrauchen.« Sie war damals gerade achtundzwanzig. Susan Sontag will alles zugleich und sofort, und sie will es mit Heißhunger. Immer auf der Suche nach dem »next new thing«, stürzt sie sich ins Nachtleben, ein Abend ist lang und für einen einzigen Theaterbesuch viel zu schade. Sie surft von Ereignis zu Ereignis, von Kino zu Performance, von Clubs zum Dinner in einem neuen Restaurant, mit Besuchern aus zumindest einem anderen Land. Wenn sie sich langweilt, wird das nächste Ziel angesteuert. Gern führt sie Gespräche bis tief in die Nacht. Egal wie lange es dauert, sie bricht morgens in aller Frühe wieder auf. Weil keiner über eine ähnliche Kondition verfügt, wählt sie für ihre Exkursionen wechselnde Begleiter.

Susan Sontag 1971 als junge Denkerin noch ohne ihre typische Haarsträhne.

Einer, der zum »Sontag-Zirkel« zählte, war der Journalist Christopher Hitchens: »Ich halte mich für ziemlich ausdauernd bei solchen Einsätzen«, berichtet der Johnny-Walker-Freund und linke Irakkriegsbefürworter, der sich mit Sontag immer wieder heftige politische Debatten lieferte. »Doch einmal schlief ich fast im Stehen ein, während ich ihr nach einem sehr strapaziösen Tag mit multiplen Mahlzeiten und Diskussionen in Washington das Bett auf dem Sofa herrichtete, aber da war sie schon wieder verschwunden, um den nächsten Tag zu beginnen, lange bevor ich das Bewusstsein wiedererlangt hatte.« Die Art verschwenderischen Lebens, das sie führt, frisst enorme Energien. Susan Sontag verfügte darüber, sie trank keinen Alkohol, sie nahm keine Drogen.

Nur scheinbar getrennte Wege gehen die beiden in ihrem Selbstverständnis als Frauen. Annie Leibovitz bekommt mit 51 ihr erstes Kind. Als Vater gibt sie einen unbekannten Samenspender an. Nach Susan Sontags Tod wird sie noch Zwillinge durch eine Leihmutter haben. Susan bekam ihr einziges Kind mit 19, das sie nach der Scheidung alleine aufzog. Bei Annies Geburt ist sie dabei und die erste, die das Baby in den Armen hält.

Seit 1990 wohnen sie Tür an Tür in demselben Penthouse in Chelsea. Sie leben zusammen in getrennten Wohnungen. Und sie reisen vielfach gemeinsam, nach Jordanien, Ägypten, Japan, nach Italien, wo Susan Sontag für ihren Roman über Lady Nelson, *Der Liebhaber des Vulkans* recherchiert, in das Nachwende-Berlin, wo sie über mehrere Monate an diesem Roman schreibt und Annie sie mehrfach besucht. In Paris, Susans Lieblingsstadt, wo sich direkt am Seine-Ufer ihr Zweitwohnsitz befindet, halten sie sich laufend auf. Sogar nach Sarajewo fahren sie zusammen, wo Susan *Warten auf Godot* inszeniert. Annie kommt für zwei Wochen mit, um die Zerstörung und das Elend der Menschen zu dokumentieren.

Auch wenn Annie Leibovitz nicht immer an der Seite ihrer Freundin auftritt, sind die beiden ein deutlich sichtbares Paar in New York, sie gehen zu Vernissagen und Theaterpremieren, besuchen Restaurants, oft von engen Freundinnen begleitet. Patti

Smith gehört dazu. Doch trotz dieser vielen gemeinsamen Auftritte bekennt sich das Paar nie öffentlich zu seiner Beziehung. Dem Druck der Schwulenbewegung, sich als Personen des öffentlichen Lebens zu outen, geben sie nicht nach. Vor allem Susan Sontag weigert sich. Sie hatte ihr Leben lang wichtige und ernsthafte Beziehungen zu Männern und findet, dass ihre Sexualität Privatsache sei. Die meisten Journalisten, denen sie Interviews gibt, kennen sie und wissen um das Verhältnis zu Annie Leibovitz. Aber keiner berichtet darüber. Ein Freund erklärt, sie fände es womöglich vulgär, sich öffentlich zu bekennen. Erst gegen Ende ihres Lebens, kurz bevor 2001 eine Klatschbiografie auf den Markt kommt, gibt sie zu Protokoll, dass sie in ihrem Leben sowohl mit Männern als auch mit Frauen zusammen war. Sie fügt hinzu, dass sie das nicht für diskussionswürdig hält. Offenbar graut ihr vor dem Etikett der »homosexuellen« Schriftstellerin, genauso wie sie niemals eine »feministische« Schriftstellerin sein wollte.

Annie Leibovitz ihrerseits bekennt sich erst nach Susan Sontags Tod zu ihrer Liebesbeziehung. »Nennen Sie uns Liebhaberinnen«, erklärte sie im amerikanischen Fernsehen. »Wörter wie Gefährtin oder Partner benutzten wir nie. Das klingt nach kleinen, einander unterhakenden alten Damen … Es war eine Beziehung mit allen Dimensionen. Sie hatte ihre Höhen und Tiefen. Wir haben uns durch unsere Leben geholfen. Das Wort Liebhaberin, ja, das mag ich. Es klingt romantisch. Ich möchte absolut deutlich sein. Ich liebe Susan. Ich habe damit kein Problem.«

Die Jüngere hilft der älteren schließlich in den Tod. Nachdem Susan Sontag zwei Krebserkrankungen besiegt hatte, gewinnt sie den Kampf gegen Leukämie nicht mehr. Auf ihren Wunsch hin dokumentiert Annie Leibovitz die Folgen der Krankheit mit der Kamera, den Verlust der berühmten schwarz-weißen Haare, den schrecklichen Prozess, wie ein geliebter Mensch sich aufzulösen beginnt. Ein geschundener Körper, nach der Chemotherapie, im Krankenbett. Auf kleinen Schwarz-Weiß-Fotos. Erschütternde Fotos. Am Ende zeigt Leibovitz die Freundin auf dem Totenbett. Diese Bilder sieht sie als letzte große Liebeserklärung.

»Nennen Sie uns Liebhaberinnen.«

Rosa Luxemburg 1871–1919, Politikerin
Clara Zetkin 1857–1933, Frauenrechtlerin

Rosa Luxemburg

Clara Zetkin

»Stell dir vor, Clara hätte ihr Mandat schon und säße mit Rosa im Reichstag! Da würdet Ihr was erleben …«

*B*eide Hände auf das Rednerpult gestützt, antwortet sie mit fester, weit hörbarer Stimme. Eine zerbrechlich wirkende Frau in weißer Bluse, elegantem schwarzem Rock und nach der neuesten Mode frisiertem Haarschopf. »Rosa spricht wie eine Göttin aus den Wolken«, hatte ein Gewerkschafter gerade in den Saal gerufen und damit den Parteitag zum Jubeln gebracht. Doch das war kein Kompliment. Sie möge »hinter den grünen Tischen bleiben und wissenschaftliche Prinzipien erörtern«, während in den Fabriken der Kampf gegen die Ausbeutung ausgetragen werde. Zweifellos muss sie noch viel lernen, aber den jungen Aktivisten, die wie sie eine neue Zeit heraufdämmern sehen, spricht sie aus dem Herzen.

Soeben hat Rosa Luxemburg in Nationalökonomie mit *magna cum laude* promoviert und in einer führenden Tageszeitung den renommiertesten Theoretiker der deutschen Sozialdemokratie besiegt. Sie will keine Reformen wie er, sie will die Revolution. Dabei kennt sie insgeheim nur ein Ziel: Sie wird »Parteiphilosoph« werden, und zwar für die mächtigste sozialistische Partei Europas. »Dass ich mir meine Epauletten in der deutschen Bewegung erst holen muss, weiß ich«, verkündet das frischgebackene Parteimitglied in Bescheidenheit vom Pult herab. »Ich will es aber auf dem linken Flügel tun, wo man mit dem Feinde kämpfen, und nicht auf dem rechten Flügel, wo man mit dem Feinde kompromisseln will.« Sie wartet, bis die Proteste der Zuhörer verstummen, und fährt ungerührt fort. »Wenn aber … gegen meine sachlichen Ausführungen das Argument ins Feld geführt wird: du Grünschnabel, ich könnte ja dein Großvater

Noch schickt die SPD ihr bestes Pferd ins Rennen: Rosa Luxemburg ist eine blendende Rhetorikerin, hier 1907 auf dem Internationalen Sozialistenkongress in Stuttgart.

»Rosa spricht wie eine Göttin aus den Wolken.«

sein, so ist das für mich ein Beweis, dass (der Vorredner) mit seinen logischen Gründen aus dem letzten Loch pfeift.« Der Saal amüsiert sich, besonders laut gelacht wird in der zweiten Reihe des Parteivorstands, wo das einzige weibliche Mitglied sitzt, Clara Zetkin.

Als sie sich auf dem Stuttgarter Parteitag 1898 kennenlernen, ist die Pionierin des weiblichen Flügels der SPD 41 Jahre alt. Ihr ganzes Leben gehörte der Arbeiterbewegung, auch international hat sie sich einen Namen gemacht. Sie kennt sich aus im Klüngel der Partei, weiß, welche Plätze in der Arena am besten neu besetzt werden und wie man sich unverzichtbar macht. Kurzum: Clara Zetkin ist für den politischen Neuling eine ideale Ratgeberin. Sie hat eine steile Parteikarriere hinter sich. Bereits 1895 rückte sie als erste Frau in die Führungsspitze auf.

Clara Zetkin gibt seit Kurzem die Zeitschrift *Die Gleichheit* heraus. Darin engagiert sie sich für die proletarische Frau. Allerdings besteht sie auf »reinlicher Scheidung« zur bürgerlichen Frauenbewegung. In deren Engagement für höhere Bildung sieht sie bloß eine »Damenfrage«. Für den linken Dietz-Verlag hat sie Edward Bellamys Science-Fiction-Roman *Ein Rückblick aus dem Jahre 2000* übersetzt, den größten Verkaufserfolg in den USA seit *Ben Hur* und *Onkel Toms Hütte*. Darin gibt es keine Schornsteine, keine Arbeitslosigkeit, stattdessen Kreditkarten, eine rationale Wirtschaftsordnung und volle Gleichberechtigung der Frauen. Sozialdemokratin ist Clara eher durch emotionales Bekenntnis als durch rationale Analyse.

Bei Rosa Luxemburg ist es umgekehrt. Wenn es gilt, nützliche Kontakte zu knüpfen, schafft sie sich ein ganzes Netz von Beziehungen. Die verdankt sie ihrer Intelligenz, der Rolle, die sie im Bernstein-Streit, dem Streit um die Realpolitik der SPD im Kaiserreich, gespielt hat und ihrem Charme, den sie geschickt einzusetzen versteht. Aus manchen dieser Verbindungen wird Freundschaft. Die Auswahl, die sie trifft, ist keinesfalls zufällig. Ihre Freunde gehören allesamt zur geistigen Elite der Sozialdemokratie, Mehring, Kautsky, auch dessen Frau Luise, Liebknecht, Bebel, Zetkin. Nicht zuletzt über Clara dringt Rosa in den engen Kreis der SPD-Führer vor.

In ihrem Privatleben sind sie beide alles andere als zimperlich. Clara lebte mit dem Vater ihrer Kinder, Ossip Zetkin, sieben Jahre in Paris zusammen – ohne Trauschein. Nach dessen Tod und dem Ende der Sozialistengesetze kehrte sie als alleinerziehende Mutter nach Stuttgart zurück. Jetzt ist sie schon seit zwei Jahren mit einem Kunstmaler zusammen, dem 18 Jahre jüngeren Friedrich Zundel. Eine unmögliche

Dass heute der 8. März weltweit den Frauen gehört, geht auf die Initiative von Clara Zetkin zurück.

Verbindung. Nicht nur im Angesicht der bürgerlichen Umgebung, auch der Vorsitzende der SPD, August Bebel, macht ihr Vorhaltungen: Schließlich sei sie keine x-beliebige Privatperson, sondern eine bekannte Politikerin. Sie müsse ihre öffentliche Stellung bedenken und die parteischädigende Wirkung nach außen. Clara Zetkin beugt sich und geht mit ihrem Liebhaber, der nur gut zehn Jahre älter ist als ihre halbwüchsigen Söhne, die Ehe ein.

Die große, aber unglückliche Liebe der Rosa Luxemburg gilt seit ihrer Züricher Studentenzeit dem Polen Leo Jogiches, einem Revolutionär, der »die politische Sache« rigoros über das private Leben stellt. »Und vielleicht noch ein kleines, ganz kleines Baby?«, fragt sie. »Werde ich nie eins haben dürfen? Nie?« Eigentlich kennt sie die Antwort schon, aber fragen zumindest wird sie doch dürfen. Was sie sich wenigstens wünscht, ist, dass er zu ihr nach Berlin zieht, wo sie seit Kurzem lebt. Tatsächlich folgt er ihr, aber nur, um einander in einem jahrelangen Nervenkrieg zu zermürben. Trotzdem arbeitet sie, schreibt Bücher, Aufrufe, Pamphlete. Und sie ist rastlos für die SPD unterwegs, zieht durch Berliner Arbeiterlokale, tritt in Versammlungen im ganzen Reich auf. Wie Clara. Beide reisen als Wahlkämpfer durchs Land, sprechen vor vollen Sälen und das, obwohl Frauen nicht gewählt werden, nicht selbst wählen dürfen. Außer Rosa und Clara gibt es kaum Frauen, die überhaupt als Redner auftreten. Sie teilen sich die Arbeit: Clara Zetkin ist die unbestrittene Führerin des proletarischen Flügels der Frauenbewegung, die erste Frauensekretärin der Sozialdemokratie. Rosa Luxemburg versteht sich als die Theoretikerin.

So kommen sie sich nicht ins Gehege. Und die Rollen sind klar verteilt, Clara ist die raue Agitatorin, volksnah, derb, dabei ganz Parteidisziplin. Rosa, immer tadellos und elegant gekleidet, eine Bildungsdame, die lodernd, aber klar zur Sache spricht. Als Rednerin ist sie bald die beste, wie sie seit jeher daran gewöhnt ist, die Beste zu sein. Auf Parteitagen legt sie sich regelmäßig mit den »Altvätern« an, die sie »vorwärtsstoßen« möchte, wird mehrfach wegen Majestätsbeleidigung oder Gefährdung des Landfriedens inhaftiert, geht in geheimer Mission in ihre von Russland besetzte polnische Heimat, um nach der Revolution von 1905 zu agitieren, wird festgenommen.

Nach der Enge des Gefängnisses, nach ihrer Flucht über Finnland ist das Wiedersehen mit Clara wie das Fenster zur Welt für sie, das gilt auch für Lenin, mit dem sie lange Gespräche führt. Als dessen Verbündete riskiert sie den Bruch mit Bebel, dem sie dank geschickten Taktierens letztendlich ausweicht. Ihr wahrhafter Lichtblick aber heißt Kostja. Sie kennt ihn als Kind, jetzt ist er 21. Er ist Claras Sohn und seit ihrer Trennung von Leo Jogiches Rosas Geliebter. Clara billigt die Verbindung nach kurzem Zögern. Keine Zensur, kein mütterlich-besorgtes »Das-gehört-sich-aber-nicht«. Im Gegenteil: Sie freut sich über die plötzlich ganz andere Nähe zu der Freundin, die nach dem Ende ihrer 15 Jahre dauernden Liebesbeziehung nicht aufgehört hatte, nach dem Glück zu suchen. Kostja gibt ihr die privaten Augenblicke jenseits der Politik. Sie gehen in die Oper, studieren Rembrandt, malen, schreiben, kochen, und sie fahren nach Sillenbuch, Claras Wohnsitz. Wie sonst auch, wenn Rosa eine Atempause braucht, zieht sie sich zu Clara zurück, in deren idyllisch gelegenes Haus am Waldrand nahe Stuttgart. In Sillenbuch erholt sie sich. Hier begegnet sie vielen ihrer Freunde, Hans Diefenbach, den Kautskys und Arbeitskollegen wie Bebel, Levi, Lenin bei Musik, Gesang und Debatten.

Den größten Teil der Zeit aber widmet Rosa wie gewohnt der theoretischen Arbeit. An der Berliner Parteischule der SPD, wo sie seit Kurzem unterrichtet, möchte sie auch Kostja unterbringen. Ihr Vorschlag stößt auf wenig Gegenliebe. Man weiß nicht, in welcher Beziehung sie zu Kostja Zetkin steht. Man vermutet, sie setze sich deshalb für ihn ein, weil sie mit seiner Mutter befreundet ist. Bebel reagiert empört: »Das Tollste, was jene verlangen konnten, war doch, der Clara Sohn zum Lehrer an der Parteischule zu machen. Er, den niemand kannte, der bisher nicht die geringste Probe seines Könnens abgelegt ... soll an eine erste Stelle treten in der Partei, mit all der Verantwortung, die diese mit sich bringt.« Ein solches Verhalten, so Bebel, ließe sich weder mit der »Affenliebe einer Mutter« noch mit der »blinden Voreingenommenheit einer Freundin« entschuldigen. Der Zorn des Parteivorsitzenden ist groß, er wäre noch größer, wüsste er wirklich Bescheid. Doch der Vorfall kommt ihm nicht ungelegen. Schließlich liefert er ihm einen willkommenen Anlass, den »Besserwisserinnen« endlich eine Lektion zu erteilen. Denn er ärgert sich schon lange vor allem über Rosa, die bei

Auch Clara Zetkin heizt den Genossen ein, hier auf dem Parteitag der SPD in Mannheim, 1906.

jeder Gelegenheit auf die Reinheit der Lehre pocht. Mit offensichtlicher Genugtuung schreibt er an Kautsky: »Es ist mit den Frauen eine merkwürdige Sache. Kommen ihre Liebhabereien oder Leidenschaften oder Eitelkeiten irgendwo in Frage … dann ist auch die Klügste außer Rand und Band … eine regulierende Vernunft gibt es nicht.« Bebel bringt zum Ausdruck, welche Vorurteile er schon immer gegen beide hatte, aber mit Rücksicht auf ihren politischen Nutzen unausgesprochen ließ. Für Bebel ist Rosa deshalb so radikal, weil ihr – ganz klar – die regulierende Vernunft fehlt.

Außer in Sachen Wahlrecht setzt Rosa sich mit Frauenfragen theoretisch nicht auseinander. Die lebt sie lieber praktisch. Anders als Clara. Mitten in der Revolution schreibt Rosa im November 1918 an die Herausgeberin der *Gleichheit*: »Schreib etwas über Frauen, das ist so wichtig jetzt, und niemand von uns hier versteht etwas davon.« Clara Zetkin hatte aus dem zweimonatlichen Rundbrief mit einer Auflage von 2000 Exemplaren eine proletarische Frauenzeitschrift für über 125000 Abonnentinnen gemacht, bis die Partei sie ihr 1917 entzog, weil sie die USPD mitgegründet hatte. Sie erfand den Internationalen Frauentag und sie betrieb energisch den Kampf ums Wahlrecht. Eine begabte Agitatorin, verteidigte sie das Recht der Frauen auf Arbeit, auch gegenüber den eigenen Genossen, die der Meinung waren, Frauenarbeit gehöre abgeschafft, weil sie den Lohn der Männer drücke. »In der Theorie sind die Genossinnen schon gleichberechtigt, in der Praxis aber hängt der Philisterzopf den männlichen

Genossen noch ebenso im Nacken wie dem ersten besten Spießbürger«, klagte Clara in den folgenden Jahren mehrfach. Als sie in den Vorkriegsjahren die Aufrüstung anprangerte, beschimpfte Kaiser Wilhelm II. die rothaarige Rebellin als »die schlimmste Hexe in Deutschland«.

Auch die Freundschaft zu Kautsky bekommt Risse. Als Rosa Luxemburg Front macht gegen ihn und seine revisionistische Politik, gefährdet sie nicht nur ihre Freundschaft, sondern es tut sich zwischen ihr und den führenden Sozialdemokraten ein Graben auf. Der SPD-Vorstand hält sie für eine unnachgiebige Streberin, die, nur von persönlichem Ehrgeiz getrieben, Genossen attackiere. »Das giftige Luder wird noch mehr Schaden anrichten, umso größeren, weil sie blitzgescheit ist«, schreibt der Wiener Sozialdemokrat Viktor Adler in unbeugsamer Solidarität an Bebel, »während ihr jedes Gefühl für Verantwortung vollkommen fehlt und ihr einziges Motiv eine geradezu perverse Rechthaberei ist.« Rosa steht fast völlig allein. Bebel, mittlerweile ihr erklärter Gegner, ist kurz davor, sie zum Parteiaustritt zu zwingen. Bloß weil ihr Einfluss auf die Genossen ohnehin gegen Null geht, sieht er davon ab. Auf dem Magdeburger Parteitag wird sie derart ausgebuht, dass sie nicht einmal ihre Rede beenden kann.

Nur Clara lässt sie nicht im Stich. Regelmäßig stellt sie sich schützend vor die Freundin, was bei Adler eine unangenehme Vision hervorruft: »Stell dir vor, Clara hätte ihr Mandat schon und säße mit Rosa im Reichstag! Da würdet ihr was erleben … « Es scheint, dass sie beide aus dem Kreuzfeuer der Kritik umso gestärkter hervorgehen. Vor allem Rosa schöpft aus Angriffen, die sich gegen ihre Ideen richten, neue Kraft. Beleidigungen prallen an ihr ab und scheinen sie von der Notwendigkeit der Sache erst richtig zu überzeugen. Aber ist sie wirklich so gelassen, wie sie vorgibt? »Ich fühle mich wie ein geprügelter Hund«, schreibt sie. Aber sie vergisst nichts davon.

Als ihre Partei 1914, eine Woche nach Kriegsausbruch, als stärkste Fraktion im Reichstag die Kriegskredite bewilligt, ist Rosas Loyalität am Ende. Der Burgfrieden mit dem Kaiser kommt für sie einem Abfall vom Glauben gleich. Sie fährt nach Sillenbuch zu Clara, die trotz Zensur versucht, die nächste Nummer der *Gleichheit* herauszubringen. Clara ist noch verzweifelter als Rosa. Und dennoch, weil das Leben eben so ist, schreibt Rosa: »Der Garten ist in voller Blüte und das Wetter prachtvoll.« Kei-

»Schreib etwas über Frauen, das ist so wichtig jetzt, und niemand von uns hier versteht etwas davon.«

»Ach Rosa, welche Tage! Vor meinem Geist steht die geschichtliche Größe und Bedeutung deines Handelns.«

nesfalls gewillt, sich zu fügen, reagiert sie gegen alle Gebote der Vorsicht mit instinktiver Rebellion, anders als Clara, die sich zunächst unterordnet. Zurück in Berlin fordert Rosa 300 ausgewählte SPD-Funktionäre per Telegramm zum Protest gegen ihre Partei auf. Sie erhält nur eine einzige Antwort, die stammt von Clara und enthält zahlreiche Einwände.

Eine veritable Krise durchlaufen die beiden ganz privat. Die Ehe des Paares Zundel/Zetkin ist am Ende. Bereits 1914 deuten sich Differenzen an, als sich Zundel freiwillig zum Militärdienst meldet, deutlicher werden sie mit Claras Eintritt in die KPD. Zum eigentlichen Zerwürfnis aber führt eine Affäre Zundels mit Paula Bosch, einer engen Freundin der Familie. Jahrelang widersetzt sich Clara einer förmlichen Trennung, die Ehe wird erst 1928 geschieden. Dass Clara ihren Ehemann nicht freigibt, entrüstet Rosa zutiefst. Ausgerechnet die Vorkämpferin der proletarischen Revolution behandelt ihren Gefährten wie ein Möbelstück, das man besitzt. »Aber öffentlich große Worte für ›Freiheit des Individuums‹ donnern und im Privatleben eine Menschenseele aus wahnsinniger Leidenschaft versklaven«, empört sie sich. Rosa stellt hohe Anforderungen an ihre Freunde und erwartet von Frauen – und somit auch von Clara – die »beiden Grundelemente der weiblichen Natur«, nämlich Güte und Stolz. Sie selbst, sagt sie, sei niemals so unnachgiebig: »Herr Gott, wenn ich nur von Ferne ahne, dass mich jemand nicht mehr mag, dann flüchtet schon mein Gedanke seine Kreise wie ein verscheuchter Vogel.« Sie habe zwar genug Temperament, »um eine Prärie in Brand zu setzen, und doch ist mir der Friede und der einfache Wunsch jedes anderen Menschen ein Heiligtum, vor dem ich lieber zusammenbreche, als es roh anzutasten.« Claras Verhalten ist für Rosa also eine »traurige Sache« und führt zur zeitweiligen Entfremdung zwischen den beiden Frauen, die erst in den turbulenten Novembertagen 1918 beigelegt wird.

Als in Berlin die Straßenkämpfe toben, ist Clara Zetkin weit entfernt. Einer Krankheit wegen kann sie Stuttgart nicht verlassen. Gleichwohl unterstützt sie aus der Ferne die Genossen in Berlin, auch die an Silvester gegründete Kommunistische Partei, und sie verfasst im Eiltempo Artikel für die *Rote Fahne*. Seit dem Aufstand gegen die provisorische SPD-Regierung, der gewaltsam niedergeschlagen wurde, hat sich die

Lage in Berlin dramatisch zugespitzt. Rosa Luxemburg und Karl Liebknecht werden steckbrieflich gesucht. Man befürchtet, dass sie eine Revolution nach russischem Vorbild planen. Tagelang auf der Flucht, weiß Rosa Luxemburg um ihre Bedrohung. Man hält sie für die gefährlichste Politikerin Deutschlands. Am 13. Januar 1919 schreibt Clara Zetkin an die Kampfgenossin einen letzten Brief aus Stuttgart. Es ist ein Nachruf zu Lebzeiten: »Ach Rosa, welche Tage! Vor meinem Geist steht die geschichtliche Größe und Bedeutung deines Handelns … Meine liebste, meine einzige Rosa, ich weiß, du wirst stolz und glücklich sterben. Ich weiß, du hast dir nie einen besseren Tod gewünscht, als kämpfend für die Revolution zu fallen. Aber wir? Können wir dich entbehren? Ich kann nichts denken, ich empfinde nur. Ich drücke dich fest, fest an mein Herz. Immer deine Clara.« Drei Tage später ist Rosa Luxemburg tot, umgebracht von marodierenden Freikorpssoldaten. Erst Monate später wurde ein Leichnam aus dem Landwehrkanal geborgen, den man als ihren identifizierte.

Die Grabrede hält Clara Zetkin am 13. Juni 1919 auf dem Friedhof in Berlin-Friedrichsfelde. Dass der Nachlass Rosa Luxemburgs gerettet wurde, rechnet sich Clara Zetkin als ihr Verdienst an. Drei Tage nach deren Ermordung erteilt sie der Privatsekretärin Mathilde Jacob eine Art Auftrag: »Liebste Freundin, es ist Ihre Aufgabe, darüber zu wachen, dass nicht ein Zettel, nicht eine Zeile von Rosas Manuskripten verschleppt und verstreut wird.« Clara Zetkin selbst starb 1933 im sowjetischen Exil, ihre sterblichen Reste wurden an der Kremlmauer in Moskau beigesetzt. Die Urne trugen die mächtigsten Männer des Sowjetregimes: Molotow und Stalin.

Marianne Weber

Marianne Weber 1870–1954, Frauenrechtlerin und Soziologin
Else Jaffé 1874–1973, Sozialwissenschaftlerin

»Selbst die Furcht, Ihre Freund-schaft zu verscherzen, die mir doch zu den kostbarsten Dingen gehört, würde mich nicht halten, wenn das Leben ruft.«

Else Jaffé

München, Juni 1920. Max Weber, der Gründervater der modernen Soziologie, liegt im Sterben. An seinem Bett wachen zwei Frauen: Marianne Weber und Else Jaffé, langjährige Ehefrau die eine, seine große Passion die andere – und beide einander in wechselvoller Freundschaft zugetan. Ob die drei spüren, dass dieser Tod alle quälenden Konflikte löst? Die Gattin und die Geliebte – sie halten lebenslang zusammen. 34 Jahre später stirbt Marianne in Elses Armen; eine Freundschaft, deren Innigkeit womöglich in ihrer unbewältigten Bitternis liegt. Ein Experiment war sie allemal, ein nur selten kopiertes noch dazu, obwohl die Epoche nach der Jahrhundertwende einen ganzen Fächer an neuen Beziehungsmodellen aufschlug.

Else Jaffé, geborene von Richthofen, stammte aus verarmtem, aber prominentem Adel. Ihr Vater, ein preußischer Offizier, brachte den Rest des Familienvermögens im Casino durch. Mehrmals sah sich seine älteste Tochter veranlasst, ihm zu Hilfe zu eilen, indem sie Geld für ihn auftrieb. Wie ihre Schwester Frieda, die später D. H. Lawrence zu *Lady Chatterley* inspirierte, empfand Else eine gewisse zärtliche Herablassung für die Männer, der erste dieser Männer war ihr Vater. Einerseits liebte sie ihn heiß, andererseits bemitleidete sie ihn, weil er so erfolglos war. Materiell war sie vollkommen auf sich allein gestellt. Mit siebzehn wurde sie Lehrerin, und als sie genügend gespart hatte, erkämpfte sie sich als eine der ersten Frauen in Deutschland den Zugang zur Universität. Sie belegte ein vollkommen unweibliches Fach. Zunächst in Freiburg, dann in Berlin und Heidelberg studierte sie Nationalökonomie.

Den Webers fällt sie sofort auf. Max Weber, seit 1893 Professor für Handelsrecht, hatte im selben Jahr seine entfernte Cousine Marianne geheiratet. Die beiden führen eine Ehe nach modernen Maßstäben. Marianne, die zwar kein Abitur hat und deswegen auch nicht studieren darf, sorgt für ihre Bildung, indem sie Vorlesungen ihres Mannes und seiner Kollegen als Gast besucht. Obwohl sie ihre intellektuelle Karriere, wie sie später schreibt, »zu Füßen ihres Mannes« begann, beharrt sie auf geistiger Eigenständigkeit. Kein Wunder, Marianne ist entzückt von der ungewöhnlichen Studentin, besonders von deren Schlagfertigkeit, aber auch von ihrer Schönheit. Mit unverhohlenem Finderstolz führt sie die Neue in die Freiburger, dann in Heidelberger Akademikerkreise ein. Else bietet mit ihrem Talent zu spöttischen Kommentaren Marianne auf ihren »Geistertees« willkommene Schützenhilfe, wenn der Theologe Ernst Troeltsch mit dem Schlachtruf »Charity begins at home« darauf beharrt,

Von Marianne angefeuert, promoviert Else mit »summa cum laude« bei Max Weber.

eine Frau habe keine sozialen oder politischen Interessen zu entwickeln: »Das ist immer ein Radau«, jubelt die sonst eher schwerblütige Marianne in ihrem Tagebuch.

Auch ihr Mann vermag sich dem Zauber dieser jungen Frau nicht zu entziehen. Er hält sie sogar für geeignet, bei der Besetzung einer Professur mitzureden. Seinem Bruder Alfred teilt er mit, ein ins Auge gefasster Kandidat sei »nach Frl. v. Richthofens« eingehenden Berichten – »ein Rindvieh«. Natürlich sind die Webers nicht die einzigen, die in Else von Richthofen einen neuen Frauentyp bewundern. Die Mitstudentin und spätere Frauenrechtlerin Alice Salomon berichtet, wie alle männlichen Vorurteile gegen studierende Frauen in sich zusammenfielen, wenn man sie nur ansah. »Die Universität war stolz auf sie, und es gab kaum einen akademischen Würdenträger, der nicht um sie angehalten hätte, wenn er dazu den Mut gehabt hätte.«

Frisch vermählt: Marianne Schnitger mit ihrem Bräutigam Max Weber, der zugleich ein entfernter und überaus geliebter Cousin ist.

Von Marianne angefeuert, promoviert Else von Richthofen 1900 mit »summa cum laude« bei Max Weber. Sie schafft, wonach die Freundin sich vergeblich gesehnt hat, Studium und einen akademischen Abschluss. Doch auch Marianne bleibt nicht untätig. Die Autodidaktin wagt sich auf wissenschaftliches Terrain und schreibt über Fichte, den Sozialismus und Karl Marx. Sieben Jahre später untersucht sie in einer gewichtigen Monografie die Stellung der Frau in der Rechtsentwicklung. Mit diesem Standardwerk macht sie sich endgültig als Wissenschaftlerin einen eigenen Namen, während ihr Mann bis dahin noch kein Buch vergleichbaren Formats vorgelegt hat. Dank ihrer Eigenständigkeit gerät sie zwar nicht auf depressive Abwege, als sie die Rolle der Pflegerin ihres Mannes übernimmt. Aber Marianne Weber führt kein glückliches Leben. Vor allem in sexueller Hinsicht ist die Ehe ein Desaster.

Max Weber, der spätere Theoretiker der protestantischen Ethik, leidet unter Neurasthenie, schweren sexuellen Störungen, Schlaflosigkeit und Angstzuständen. Ernsthaft erwägt er, sich »von seiner Sexualität durch Kastration zu verabschieden«. Marianne setzt dieser fatale Zustand derart zu, dass sie bald schon Else ins Vertrauen zieht. Außerdem plagen das Ehepaar finanzielle Sorgen. Da der Mittdreißiger nach einem Nervenzusammenbruch nicht mehr arbeiten kann, gibt er 1903 seine Professur auf. Das Paar lebt bescheiden von den Erträgen eines kargen Familienvermögens.

Einziger Lichtblick in der Zeit ist für Marianne der Karrieresprung der Freundin. Noch durch Vermittlung Max Webers bekommt Else einen Posten als staatliche Inspektorin, um die Rechte von Fabrikarbeiterinnen zu schützen. In ganz Deutschland ist sie die erste Frau in einer solchen Stellung; für die Frauenbewegung, die Politik, vor allem aber für Marianne erfüllt sie damit eine wichtige Mission. Doch der Job ist hart, und sie fühlt sich unter den Arbeiterinnen nicht wohl. Die Welt der Intellektuellen liegt ihr, genau wie Marianne, wesentlich mehr. Gleichwohl spielt das Wort Arbeit zwischen ihnen eine große Rolle. Die, an der die eine oder andere gerade schreibt, die Arbeit, die sie planen, manchmal auch die Arbeit der Arbeiter, vor allem aber ist es die Arbeit am Leben, am eigenen Ich.

Kein Wunder, dass die Freundin es für »Fahnenflucht« hält, als Else ihre berufliche Laufbahn an den Nagel hängt. 1902 heiratet sie überraschend einen Schützling Max Webers, den vermögenden Wirtschaftswissenschaftler Edgar Jaffé. Das Ehepaar bezieht eine großzügige Villa am Berghang in bester Heidelberger Lage, und als Else in rascher Folge drei Kinder bekommt, ruft das bei Marianne geteilte Freuden hervor. Else widmet sich Mutterpflichten und vernachlässigt in Mariannes Augen allzu sehr die wissenschaftliche Arbeit. Gleichwohl ist ein neidischer Unterton unüberhörbar, denn auch Marianne wünscht sich ein Kind. Allerdings stellt sie zu ihrer Beruhigung

Zu Besuch in Berlin bei Max' großbürgerlicher Familie, 1898. Das Ehepaar Weber pflegt enge bis intime Beziehungen zu Max' Mutter Helene (Mitte, sitzend), rechts daneben Marianne, dahinter Max mit einer der Schwestern.

»Unsere Beziehung war immer von sehr zarter und keuscher Beschaffenheit.«

fest, dass Else während der Schwangerschaft doch manchmal ziemlich nervös und dann auch nicht mehr so »hübsch« ist. Else nennt ihre erste Tochter als Freundschaftsbeweis Marianne. Sie ist eine Mutter mit unsentimentalen Seiten. Nach der Trennung von Edgar Jaffé kämpft sie erfolgreich um ihre Kinder, aber als sie ihren kleinen Sohn nach längerer Zeit wiedersieht, schreibt sie: »Die Stimme des Blutes piepst nur recht leise ... Ein ehrliches Buch über Mutterliebe – das könnte noch geschrieben werden.«

Else führt ein »flottes« Leben in ihrem schönen Haus, man erlebt sie als anmutige, charmante Gastgeberin. Zu Jaffés, so heißt es, geht man, um sich zu vergnügen, zu Webers zum Debattieren, übrigens auch, wenn der Hausherr aus Krankheitsgründen fehlt. Sie müsse ja nicht unbedingt »den Leuten ihren Mann präsentieren«, meldet Max an Marianne aus dem Sanatorium, ein Stück Kuchen zum Tee sei ihnen »viel lieber und zweckentsprechender«. Häufig gehen die beiden Frauen alleine aus, Marianne mit schlechtem Gewissen, weil sie ihre Arbeit unterbrochen hat. Im Karneval maskieren sie sich wild, beraten öffentlich über die neue Männerbewegung im Jahr 3000 und ob sich der Mann überhaupt zum Studium eignet. So ausgelassen sie sind, Else ist keine Frau für Zärtlichkeiten. »Unsere Beziehung war immer von sehr zarter und keuscher Beschaffenheit«, schreibt Marianne ein wenig enttäuscht in ihr Tagebuch. »Sie liebte das Zärtlichsein nicht« – unter Frauen.

Aber sie engagieren sich in der Frauenbewegung, gründen eine Art Frauenvolkshochschule, wo sie Vorträge über die Situation unehelicher Mütter, die Mädchenschulreform, Beruf und Ehe oder die Lage von Heimarbeiterinnen halten, und sie sind im Rechtsschutz tätig. Geht es um die Verteilung von Vereinsämtern, hat Marianne ihre Freundin immer wieder gegen Vorbehalte zu verteidigen. Während ihr ein Vorstandsposten nach dem anderen angetragen wird, ist den anderen Frauen die schöne Gattin vom Philosophenweg nicht geheuer. Weniger Widerstand erfahren die beiden bei der Freisinnigen Partei, auf deren Seite sie sich zeitweilig in die Reichstagswahlkämpfe einmischen.

Marianne, die in ihren Schriften über die Gleichberechtigung in Ehe, Ausbildung, Beruf und Politik ein neues Frauenbild entwirft, hat in Else Jaffé nicht nur eine fröhliche Kombattantin. Sie findet in ihr auch die perfekte Vorlage für den neuen Typus Frau, die sich der Unabhängigkeit verschreibt, dem selbstbestimmten Leben, natürlich unter dem schützenden Schirm einer bürgerlichen Ehe. Einer harten Probe allerdings

»Besser ist sich von heißen Lebensströmen durchbrausen lassen und dann die Folgen tragen, als am Geländer der Moral dürre Pfade der Vorsicht schleichen.«

sieht sich Marianne ausgesetzt, als Else sich in den Freud-Schüler Otto Gross verliebt. Nicht nur dass dieser Guru der freien Liebe mit seinen libertären Theorien das Heidelberger Professorenidyll und seine fest gefügten Regeln zu ehelicher Partnerschaft durcheinanderwirbelt; Elses Liebesaffäre mit dem Hoffnungsträger der Psychoanalyse entsprießt auch noch ein Kind. Edgar Jaffé, der schwer unter den Eskapaden seiner Frau leidet, entschließt sich gleichwohl, das Kind zu adoptieren. Max Weber hingegen schreibt an Marianne, eine Frau, die ihren Mann betrüge und vor den anderen bloßstelle, würde er persönlich »schwerlich am Leben lassen.« Natürlich muss er diese Frivolität schon deshalb ablehnen, weil sie ihm selbst verwehrt ist. Als Else auch noch eine Beziehung mit seinem Bruder Alfred anfängt, bricht er die Brücken zu ihr ab.

Marianne dagegen notiert bemerkenswert ehrlich in ihr Tagebuch: »Das Miterleben ihrer erotischen Schicksale und das Eintauchen in dieses neue ›Lebensgefühl‹ barg ganz sicher eine Gefahr für mich.« Sie sieht zwar all ihre Moralvorstellungen durch die geliebte Else über den Haufen geworfen, und dies noch mit Charme und Eleganz, aber sie gewinnt auf diese Weise ein Verständnis für die erotische Bewegung. Zumal sie erkennt, dass »Gesetz, Pflicht und Askese« vor allem Frauen behindern. »Besser ist sich von heißen Lebensströmen durchbrausen lassen und dann die Folgen tragen, als am Geländer der Moral dürre Pfade der Vorsicht schleichen.« Während sie in diesen turbulenten Tagen unter Schlaflosigkeit leidet und Tabletten nimmt, bewahrt sich Else noch in der größten Krise die Fähigkeit, sich erst einmal schlafen zu legen. Sie benutze ihre Gesundheit als Waffe, sagt ihr Schwager D. H. Lawrence, schließlich ist sie beinahe ebenso kraftvoll und unzerbrechlich wie seine weiblichen Romangestalten.

Tapfer verteidigt Marianne die Lebensführung ihrer Freundin gegenüber ihrem Mann, der sich als Gralshüter der alten Moral gebärdet, und sie vermittelt, wo sie kann. Bis Max Weber sich erfolglos auf einer von Marianne angezettelten Reise nach Venedig in die »Zauberin« verliebt. Marianne, die sich gerne etwas vormachen würde, spürt zu ihrem Schmerz genau, dass diese Liebe an Leidenschaft alles übersteigt, was sie in ihrer »Gefährtenehe« je kennengelernt hat. Für Else, die in vieles Intime dieser Ehe eingeweiht war, liegen die Dinge auf der Hand: Um von seinen Depressionen geheilt zu werden, braucht der Mann ihrer Freundin sexuelle Befriedigung, und es besteht keine Aussicht mehr, dass er sie in seiner Ehe findet. Zu Gewissensbissen gibt es keinen Anlass, da Marianne es im Interesse seiner Gesundung offenbar als ihre Pflicht empfindet, Max mit Else immer wieder allein zu lassen. Dass Else ihn am Ende zurückweist, liegt an seiner Eifersucht, auf Alfred vor allem und daran, dass er der Einzige auf dem Platz sein möchte. Aber Else Jaffé ist keine Frau, die sich binden lässt.

Tief enttäuscht zieht sich Max Weber sieben Jahre lang in eine Art Hassliebe vor der Frau zurück, die er als »erotisches Evangelium« rühmte. Selbst da bemüht sich Marianne, den »bösen Bann« zwischen den beiden zu brechen. Was sie verschweigt, ist, welche Kraft es sie kostet, den Anschein von Gelassenheit zu erwecken. Eine oberflächliche Spielerei, das hätte sie hingenommen. Doch es war eine Seelenliebe. Eigentlich, so glaubt sie, hat sie kein Recht, diese zu verurteilen, und doch erträgt sie die Erinnerung daran nicht. Noch ein Jahr danach bekennt sie: »Ich verlor in jener Zeit alle Freude an mir selbst und gewann eine grausame Klarheit darüber, dass in meinem Seelengarten viel Unkraut unter dem Weizen blüht.«

Mit Elses Umzug in die Nähe von München entspannt sich die Lage fürs Erste. Die Trennung bekommt allen gut, besonders den Freundinnen. Aber bald fehlt ihnen der gewohnte schnelle Gedankenaustausch. Es ist meistens Marianne, die ein Treffen herbeiführt. Obwohl ihr die Entfremdung zwischen Mann und Freundin recht sein könnte, macht sie auf ihren zahlreichen Vortragsreisen regelmäßig einen Abstecher nach Wolfratshausen. »Geliebtes Wesen«, schreibt sie leichthin nach einem solchen Blitzbesuch an Else, »es ist gut, dich in der Welt zu wissen und ab und an auf eine Stunde mit dir hoffen zu dürfen.« Else wiederum berichtet, gleichfalls munter, nach Hei-

Ihre Lieblingsbeschäftigung: Marianne Weber (ganz rechts angeschnitten) bei einer Diskussionsrunde in ihrem Heidelberger Haus, 1932.

Nach dem Tod ihres Mannes widmet Marianne sich außer Frauenfragen dem Nachlass des großen Max Weber und weiß sich darin mit der Freundin Else ganz und gar einig.

delberg, von den turbulenten Sitzungen des Arbeiter- und Soldatenrats, der Edgar Jaffé zum Finanzminister der Münchner Räterepublik ernannt hatte: »Ach, wie habe ich an dich gedacht dabei, wie herrlich es wäre, nachher zu dir zu laufen und zu erzählen, Liebste.« Als Max Weber 1918 eine Professur in München angeboten wird, zögert Marianne zunächst. Viel zu sehr hängt sie an dem Heidelberger Hausstand, an dem Netz aus beruflichen und privaten Kontakten. Doch dann heißt auch für sie der Magnet, der ihre Entscheidung beflügelt, wie selbstverständlich Else. Zugleich ahnt sie es voraus. Mit dem Wechsel nach München wird Webers Leben unter einem anderen Stern stehen, unter Elses Stern. Der Preis scheint hoch, aber Marianne ist bereit ihn zu bezahlen. Was sie nicht weiß: Ihr Mann ist als Liebhaber souveräner geworden, nicht zuletzt dank der mehrjährigen Affäre mit Mina Tobler, die sich gleichfalls unter Mariannes Augen vollzog. Else hat dieses Mal einer Liebesgeschichte mit Max nichts entgegenzusetzen. Was mit einer Nacht in Wolfratshausen beginnt – angeblich, weil er den Zug verpasst hat – und sich in einer »Erholungswoche« mit Else auf dem Lande fortsetzt, wird für ihn zu einer dreijährigen Passion. Zwar betont Marianne ihren Status als liebende Ehefrau und versucht sich in großzügiger Toleranz, doch obwohl sie das ganze Ausmaß der Beziehung nicht zu ermessen vermag, wiederholt sie wie ein Mantra ihm gegenüber, Else gehöre nun einmal »zu den für uns beglückendsten Geschöpfen«. Was Max Weber wie »ein Wunder«, wie seine »zweite Jugend« empfindet, ist für Marianne nur deswegen erträglich, weil sie ihm einen ungeahnten Schaffensrausch beschert. Seine Lehrverpflichtungen erledigt er jetzt mühelos, er strotzt vor Schaffenskraft, arbeitet so produktiv wie in den ersten Professorenjahren und kann wieder vor vollen Sälen reden. Schlafmittel braucht er kaum noch. Die Liebe zu Else Jaffé macht ihn gesund. Marianne, die zur Vorsitzenden des Bundes deutscher Frauenvereine aufgestiegen ist, entzieht sich dem Geschehen, so gut sie kann. Sie ist viel unterwegs, zu Verbandssitzungen, Vorträgen, Kongressen.

Die Liebesbriefe ihres Mannes an die Freundin wird sie nie zu Gesicht bekommen. Else Jaffé hält sie bis zu ihrem Tod unter Verschluss. Es sind Dokumente einer masochistischen Unterwerfung: Die »herbe harte Art – oh und wie bezaubernd steht sie dir!«, schreibt er an seine »Sklavenhalterin«; »oh lass deine ›Teufel‹ mich gründlich plagen, ich liebe sie so«! Weber glaubt sich bei Else im Venusberg und sieht sich selbst als Tannhäuser – nur dass er, anders als Wagners Opernheld, nicht mehr aus dem

»Es ist gut, dich in der Welt zu wissen und ab und an auf eine Stunde mit dir hoffen zu dürfen.«

Venusberg heraus will. Zur alle Sinnlichkeit läuternden Gattin zieht es ihn nicht. Er erwägt sogar, Marianne zu verlassen. Doch Else will das gar nicht. Sie nennt ihn den »Mann des schönen Augenblicks« und gibt damit zu verstehen, dass er nicht der Mann des Alltags für sie ist.

Max Weber stirbt am 14. Juni 1920 in München. Sein Krankenlager hatten Marianne und Else abwechselnd umwacht. An seinem Grab stehen sie Seite an Seite, zwei Witwen in ihrem Schmerz geeint. Auf den Stein lassen sie gleichberechtigt zwei Sinnsprüche einmeißeln: »Alles Vergängliche ist nur ein Gleichnis« und »Wir finden nimmer seines Gleichen«. Einer geht auf Else Jaffé, der andere auf Marianne Weber zurück. Doch wer von beiden welchen wählte, darüber bewahren sie ein Leben lang Stillschweigen.

Dieses Leben bringen sie zusammen in gewohnt freundlicher Distanz in Heidelberg zu. Marianne widmet sich dem Nachlass ihres Mannes, auch in der Politik versucht sie sich mit einigem Erfolg, sie kandidiert für den Heidelberger Stadtrat, für die linksliberale Deutsche Demokratische Partei wird sie in den Karlsruher Landtag gewählt. Im großbürgerlichen Ambiente ihrer Villa am Neckar pflegt sie ihr gelehrtes Ansehen. Bis ins hohe Alter hinein ist sie in der Frauenbewegung aktiv und zählt neben Gertrud Bäumer zu deren umtriebigsten Vertreterinnen.

Else, ungebrochen in ihrer erotischen Ausstrahlung, nimmt ihre alten Gewohnheiten wieder auf. In ihrem Salon trifft sich alles, was Rang und Namen hat, und wenn sie ruft, dann »platzt« die kleine Stadt am Neckar »von Geist.« So sieht es Marianne, die in der Anwesenheit ihrer Freundin Heidelbergs größte Attraktivität erblickt, denn diese sei nun mal »von unvergleichlichem Zauber und eine Meisterin im Geselligen.« Nur einmal ist sie mit Else nicht einverstanden, als die Gelegenheitsdichterin wie gewohnt zu Mariannes Geburtstagen die Festgesellschaft mit einem selbstverfassten Sketch überrascht. Else spielt Marianne als Priorin eines Klosters, die kurz davor steht, Päpstin zu werden. Das geht der Jubilarin zu weit. Der Papst, findet sie, muss ein Mann sein.

Anhang

Bildnachweis

Alle Bilder wurden zur Verfügung gestellt mit freundlicher Genehmigung von:
Agentur Focus: *S. 98 (Bruce Davidson/Magnum Photos)*
akg-images: *S. 12, 54, 64, 102*
Sammlung Bettina Henrich: *S. 111*
bpk: *S. 19 (Bayerische Staatsbibliothek)*, *37, 57, 63, 113, 114*
Collection Boris Kochno: *S. 36*
Corbis: *S. 31 + 80 (Bettmann)*
Hannah Arendt Center: *S. 35*
Kurpfälzisches Museum der Stadt Heidelberg: *S. 110 (Inv. Nr. G 2115)*
Literaturarchiv Marbach: *S. 22*
Paula-Modersohn-Becker-Stiftung: *S. 8/9*
Peter Day: *S. 47, 48*
picture alliance: *S. 11 (akg-images), 13 (dpa), 15 + 16 (akg-images), 21, 25, 26, 55 (akg-images), 61 (Mary Evans Picture Library), 66 (akg-images), 68 (United Archives/DEA), 73 (akg-images), 85 + 86 (Everett Collection), 87 (United Archives/TopFoto), 88 (Mary Evans Picture Library/Lesle), 91 (United Archives/TopFoto), 92 (maxppp), 93, 95 (akg-images/Marion Kalter), 96, 100 (akg-images), 101, 104, 105 (Imagno/Nb), 106, 109 (akg-images)*
Süddeutsche Zeitung Photo: *S. 2, 29 (Horst Tappe), 41 (rue des Archives), 58, 71 (Scherl)*
ullstein bild: *S. 28 (Heritage Images/Jewish Chronicle), 32 + 43 (The Granger Collection), 45 (Photo12/Luc Fournol), 46, 50, 53 (Roger-Viollet), 65, 77 (adoc-photos), 78 (The Granger Collection), 79 (adoc-photos), 117 (Felix H. Man), 118*
Universität von Sussex und der Society of Authors (in Vertretung des Nachlasses von Leonhard Wolf): *S. 83 (Virginia Woolf Monks House Fotografiealbum, MH-3 (MS Thr 560), Harvard Theatre Collection, Houghton Library, Harvard University)*

Impressum

Deutsche Originalausgabe
Copyright © 2012 von dem Knesebeck GmbH & Co. Verlag KG, München
Ein Unternehmen der La Martinière Groupe

Gestaltung und Satz: Leonore Höfer, Knesebeck Verlag
Umschlaggestaltung: Fabian Arnet, Knesebeck Verlag
Lithographie: ReproLine Genceller GmbH & Co. KG, München
Herstellung: VerlagsService Dr. Helmut Neuberger & Karl Schaumann GmbH, Heimstetten
Druck: Offizin Andersen Nexö, Leipzig
Printed in Germany

ISBN 978-3-86873-415-7
Alle Rechte vorbehalten, auch auszugsweise.

www.knesebeck-verlag.de